Connaissance de l'Inconscient
Collection
dirigée par J.-B. Pontalis

SÉRIE : ŒUVRES DE SIGMUND FREUD
traductions nouvelles

SIGMUND FREUD

SUR LA PSYCHANALYSE

Cinq conférences

Traduit de l'allemand
par Cornélius Heim

Préface
de J.-B. Pontalis

nrf

GALLIMARD

Frontispice :
Dessin de Ralph Steadman extrait de
Sigmund Freud par Ralph Steadman,
Éditions Aubier-Montaigne, Paris, 1980.

Titre original :

ÜBER PSYCHOANALYSE
Indice bibliographique : 1910*a*

ter plus tard). « En Europe, écrira-t-il quinze ans après l'épisode américain, je me sentais en quelque sorte proscrit ; ici je me voyais accueilli par les meilleurs comme un de leurs pairs. Ce fut comme l'accomplissement d'un rêve diurne invraisemblable lorsque je montai à la chaire de Worcester. La psychanalyse n'était donc plus une formation délirante, elle était devenue une part précieuse de la réalité[1]*. »*

J'allais oublier un épisode savoureux du séjour : la rencontre avec un porc-épic sauvage. Elle a lieu au lendemain des conférences que Freud a prononcées. Il n'avait rien écrit, pas même pris de notes : grande confiance en ses moyens ou vive inquiétude quant à la réception qu'on ferait à ses idées? Comment transmettre la psychanalyse en cinq leçons académiques? Alors qu'il réside dans le ranch de celui qui deviendra un ami estimé, James Jackson Putnam, auprès des monts Adirondacks, Freud voit un de ses vœux réalisé. Si l'on en croit son biographe, il se plaisait en effet à dire, avant d'entreprendre le voyage, qu'il n'allait là-bas que pour faire connaissance avec un porc-épic sauvage... et donner quelques conférences[2]*. Que repré-*

1. *Sigmund Freud présenté par lui-même,* coll. « Connaissance de l'inconscient », Gallimard, 1984, p. 88.

2. Jones ajoute que l'expression « trouver son porc-épic » devint vite proverbiale dans le petit cercle psychanalytique (cf. Jones, *op. cit.*, p. 62). Freud avait déjà rencontré le porc-épic dans les *Parerga et Paralipomena* de Schopenhauer dont il cite (in *Psychologie des foules et analyse du moi*) la parabole célèbre. En hiver, par grand froid, les porcs-

sentait donc pour lui ce drôle d'animal peu civilisé? Figure emblématique de ces Américains auxquels il reprochait à la fois leur sans-gêne et leur conformisme ou de Freud lui-même qui pouvait légitimement craindre de piquer au vif son auditoire? Tout compte fait, qui était le sauvage et qui allait se montrer le plus hérissé?

Un détail encore, aussi rapporté par Jones : au cours de la visite de quelque caverne, le guide, écartant les autres touristes, s'écrie : « Mais laissez donc passer le vieux monsieur. » Freud n'apprécia pas. Il se trouvait jeune encore, à juste titre, et n'oublions pas que Jung (jeune) était du voyage...

Autre mode de récit possible : partir des mots cent fois cités que Freud (aurait) confiés à Jung en vue de la statue de la Liberté brandissant sa torche et que Jung a (aurait) transmis à Lacan : « Ils ne savent pas que nous leur apportons la peste [1]*. » Là aussi, le développement est tout prêt. Loin de se laisser contaminer par le « toxique » freudien, les États-Unis d'Amérique se seraient employés à en réduire, par*

épics se serrent les uns contre les autres. Mais leurs piquants les blessent mutuellement et chacun s'éloigne de son voisin. Puis le froid les rapproche à nouveau. Ainsi de suite. Ils n'ont de choix qu'entre deux souffrances. Trouveront-ils – trouve-t-on jamais? – la bonne distance?

1. Cf. « La chose freudienne », in *Écrits,* Seuil, 1966. Si rien ne garantit que ces mots aient été effectivement prononcés par Freud, on admettra qu'ils aient pu sortir de la bouche de Lacan qui allait réveiller et rendre malade l'*establishment* psychanalytique.

assimilation progressive, la virulence : intégration aux professions de la santé mentale (la psychanalyse, se plaindra Freud plus tard, est transformée en « bonne à tout faire de la psychiatrie [1] *»); promotion, sous l'autorité de Hartmann, de l'*Ego-psychology *qui fait appel à la « sphère autonome du moi », supposée libre de conflits, et aux exigences de l'adaptation à l'environnement; emprise croissante des psychanalystes américains, de leur masse et de leurs dollars, sur l'Association psychanalytique internationale, etc. Cette version-là, que Lacan, pour les raisons que l'on sait, a contribué à répandre, a beau relever largement de la caricature, son succès, en France surtout, antiaméricanisme mondain aidant, est garanti à tout coup.*

Que s'est-il donc passé en ce mois de septembre 1909 à la Clark University qui célébrait cette année-là son vingtième anniversaire? Au milieu d'un parterre de médecins et de psychologues, il y avait là du beau monde, d'éminents professeurs : Titchener, un expérimentaliste rigoureux, foncièrement hostile à toute « cure des âmes »; Putnam, bien sûr, grand neurologue et grand idéaliste; Boas, l'anthropologue; Adolf Meyer, qui deviendra un maître de la psychiatrie; et William James, malade, venu seulement, disait-il, pour voir de quoi Freud avait l'air [2]*. Une photographie, qui*

1. Cf. Jones, *op. cit.*, vol. III, p. 342.
2. Cf. *L'introduction de la psychanalyse aux États-Unis, Autour de*

prendra place dans l'iconographie freudienne, immortalise la rencontre à l'issue de laquelle Freud sera fait docteur honoris causa *(aucune autre université ne lui décernera ce titre).*

Il y aura bien, ici et là, quelques réserves critiques, quelques réactions horrifiées mais, dans l'ensemble, la mission a atteint son but, la performance *est pleinement réussie. Les conférences, une fois rédigées, seront publiées dans l'*American Journal of Psychology *que dirige Stanley Hall. Elles seront bientôt traduites en plusieurs langues. C'est par elles qu'un très large public, notamment en France* [1], *prendra connaissance de la psychanalyse. En 1910, Freud devient membre de l'Association américaine de psychopathologie, Brill fonde la Société psychanalytique de New York et, l'année suivante, Jones l'Association psychanalytique américaine. Les choses sont donc allées très vite dans ce pays dont Freud, avec une légère ironie, soulignait, à Worcester même, l'optimisme joint au sens pratique.*

Mais il est temps d'en venir aux conférences elles-mêmes. En les relisant, à l'occasion de cette édition nouvelle, j'ai été sensible à ce qui les anime tant dans

James Jackson Putnam, coll. « La psychanalyse dans son histoire », Gallimard, 1978. Sur le destin de la psychanalyse aux États-Unis, l'ouvrage de référence est celui de Nathan G. Hale, Jr : *Freud and the Americans,* Oxford University Press, 1971.

1. Pour le plaisir de l'anecdote : Gide fut si enthousiaste qu'il songea à demander à Freud une préface pour son *Corydon...*

leur contenu que dans leur forme : le souci de Freud de conquérir son public, mais de le conquérir en douceur. *Surtout ne pas susciter des réactions de défense ou de contre-attaque (les porcs-épics...), surtout ne pas se présenter comme un* conquistador *solitaire devant ces descendants lointains de pionniers qui ne souhaitent plus désormais qu'incarner la morale civilisée.*

Freud dont on connaît l'intransigeance – pas de concessions : « céder sur les mots, c'est céder sur les choses » – prend manifestement le parti de ménager son auditoire. Il est assez sûr de ses acquis, il est assez maître de sa langue (il prononce ses conférences en allemand) pour se permettre de s'exprimer simplement, sans mettre en avant d'obscurs concepts ou des termes techniques et en recourant à des analogies qui font sourire (voir le fabliau final du cheval qui meurt à force d'être privé de nourriture, cela pour illustrer qu'à trop vouloir sublimer ou « domestiquer » ses pulsions on a toutes chances de crever). En s'efforçant d'être simple, pour être bien compris, on simplifie nécessairement, mais en simplifiant, on rassure.

Pourquoi, par exemple, Freud insiste-t-il plus que de raison sur la part prise par Breuer dans la découverte de la psychanalyse ? Pour payer une dette non réglée ? Peut-être. Mais, plus sûrement, pour prévenir une objection. Rattacher en effet trop explicitement la psychanalyse au nom propre Freud, *en revendiquer la paternité exclusive, risquerait fort de la discréditer* comme science objective : elle pourrait n'être alors que la création d'un esprit singulier, le produit d'une imagination déréglée ! Mieux vaut l'inscrire dans une histoire, choisir de rapporter un cas, celui d'Anna O., qu'il n'a pas lui-même traité, laisser entendre que d'autres que lui ont été, dans le passé, seront susceptibles, dans l'avenir, d'enrichir la nouvelle science, de la faire progresser au contact des faits. Car les faits, voilà l'essentiel pour des esprits qui se méfient comme de la « peste » de la spéculation et s'accrochent au positivisme par peur de sombrer dans quelque délire de visionnaire. D'autant qu'aux États-Unis ce ne sont pas les sectes, les faux prophètes et les prétendus guérisseurs qui manquent.

D'où l'insistance de Freud : « Je ne vais pas vous présenter une théorie sans faille mais le fruit de l'examen sans préjugés des faits. » « Nous ne pouvons avancer que pas à pas. » S'il faut bien introduire un concept, celui de résistance par exemple, on précisera aussitôt qu'il est issu de l'expérience et d'une expérience quasi corporelle : le thérapeute rencontre au bout des doigts, s'il hypnotise, dans l'inhibition soudaine à se souvenir et à dire, s'il analyse, une force de résistance. Freud avait d'abord songé à traiter du rêve mais, confie-t-il drôlement à ses auditeurs, il a écarté le sujet : le peuple américain est trop « orienté vers des buts pratiques » ; ce n'est donc pas la « voie royale » de l'interprétation du rêve qu'il convient, en ce lieu, d'emprunter.

Freud, ici, ne parle pas en théoricien : pas de « métapsychologie », pas d'« appareil psychique », presque rien sur le transfert et sa passion, à peine d'inconscient. Mais, au passage, cette formule superbe qui va bien au-delà de la récusation de tout savoir préconçu, formule que nous ferions bien aujourd'hui encore, et peut-être plus que jamais, de méditer : « Il s'agissait d'apprendre du malade quelque chose qu'on ne savait pas et qu'il ne savait pas lui-même. »

Détachée du nom de Freud, déclarée libre de toute préconception, axée sur un souci thérapeutique et poursuivant, en fin de compte, un but civilisateur, la psychanalyse peut alors séduire un public aussi rétif à la spéculation que préoccupé des résultats.

Comme elle est capable de mettre l'auditoire de son côté, la très fameuse et saisissante image qu'avance Freud pour évoquer dans le *présent* (ici et maintenant) le refoulement et la résistance! celle de cet importun qui fait intrusion dans une salle de conférences, y sème le désordre; il rit, il braille. On le repousse (refoulement); il insiste, cherche à rentrer à nouveau (retour du refoulé); alors on édifie un barrage contre la porte, assez solide pour contrer la pression (résistance). Quelle trouvaille de figurer l'insistance du désir sous les traits de cet indésirable! Et comme elle est ingénieuse l'idée qui vient là à Freud – un *Einfall* qui est aussi un *Witz*! – de situer la scène dans la salle même où il est en train de parler, en laissant entendre qu'il *pourrait bien être, lui, ce gêneur en ce lieu de grande culture plus attiré vers le « haut » que vers le « bas » ! Mais qui, après cela, oserait le refouler ?*

La tactique adoptée ici par Freud – désarmer l'adversaire potentiel – comporte pourtant un risque. Chercher à obtenir un large accord, à surmonter les réticences supposées, prendre appui sur l'évidence de l'observable, ne va jamais sans malentendu. Je n'en donnerai qu'un exemple : le rôle que la psychanalyse fait jouer à la sexualité – qui n'est pas ce que les Américains, dans leurs films, leurs romans, leurs enquêtes de sexologues, nommeront sex *– et plus spécialement à la sexualité* infantile *– qui est autre chose que l'activité sexuelle de l'*enfant. *Que fait Freud ? Il évoque là encore l'observation directe, il appelle à la rescousse un chercheur local, un certain Bell qui, par chance, est précisément un* fellow *de Clark University. Eh bien ! ce Bell qui a recueilli pas moins de 2 500 observations (il a travaillé « dans le style américain », note Freud avec humour « et il ne pouvait connaître mes* Trois essais, *parus trois ans plus tard ») constate que les enfants éprouvent des émotions amoureuses bien avant la puberté et qu'un esprit non prévenu doit bien convenir que ces émotions ont une origine et un caractère sexuels. Certes, c'est effectuer un pas en avant que de faire admettre à des puritains ou à des idéalistes l'existence d'une vie sexuelle chez le petit enfant. Mais laisser croire que* *lui, Freud, n'a guère dit autre chose sur la question, c'est faire un pas en arrière.*

Comme Michel Gribinski l'a lumineusement montré dans sa préface aux Trois essais, *Freud ne se borne pas en effet à énoncer, preuves à l'appui, « ce que de tout temps savaient parents, nourrices et éducateurs*[1] *». Les manifestations de la « perversité polymorphe » de l'enfant ne sont là recensées que pour transformer, en extension et en compréhension, ce qu'on appelait jusqu'à lui l'instinct sexuel. Indifférente à l'ordre de la nature comme à l'ordre social, la sexualité est aberrante; elle est à l'œuvre là où on l'attend le moins : dans la langue, dans la pensée. Elle passe par ici, elle repassera par là... Les* Trois essais *étaient et restent un livre scandaleux et Freud,* in the States, *ne voulait scandaliser personne.*

La modération dont il fait preuve à Worcester n'empêchera pas qu'on lui reproche plus tard son pansexualisme[2]*, ce à quoi s'emploiera le psychologue genevois*

1. Cf. *Trois essais sur la théorie sexuelle,* coll. « Connaissance de l'inconscient », Gallimard, 1987. M. Gribinski écrit notamment : « Sexuels les bercements et la jolie balançoire. Sexuelle et sans pitié l'étonnante cruauté du petit homme (...) Aucun plaisir ne l'assouvit, aucun ne l'arrête; il sera tour à tour cannibale, homosexuel et incestueux. N'importe quelle activité l'excite, bouger, parler, *penser,* tout lui est bon, le travail comme le sommeil, le jeu comme l'épouvante » (p. 10).

2. Le mot est donné entre guillemets. Il semble être apparu pour la première fois en 1913 sous la plume de Régis et Hesnard dans leur exposé de la « doctrine de Freud » *(L'Encéphale).*

Édouard Claparède qui, en 1920, publiera et présentera les conférences [1]. *Certes la critique de Claparède porte à faux. Elle vise à tirer Freud du côté de Jung – suisse, lui aussi – et Freud n'a pas de mal à lui répondre. D'une part, ce n'est pas lui qui confondrait, comme Jung, la* libido *avec l'*appetitus, *une énergie psychique non spécifiée; d'autre part, il a toujours maintenu un dualisme des pulsions* [2]. *Pourtant le lecteur a le sentiment que quelque chose de fondamental se perd dans cette argumentation défensive, tout comme quelque chose se perdait dans l'assimilation de la sexualité infantile, sans limites, à celle, circonscrite et observable, de l'enfant. Freud n'a effectivement jamais soutenu que la sexualité était l'unique déterminant de nos actes et de nos pensées. Mais il a montré, par l'*analyse *et non par l'observation, que chacun de nos rêves, chacun de nos symptômes (et pas seulement dans l'hystérie), et même nos théories, à l'instar des « théories » infantiles, étaient pour ainsi dire contaminés par*

1. Elles paraîtront d'abord dans *La Revue de Genève,* en trois livraisons, sous le titre « Origine et développement de la psychanalyse », puis aux éditions Payot sous un titre différent : *La psychanalyse.* Ce sera le premier ouvrage de Freud à être publié en français. Notons que le traducteur, Yves Le Lay, alors assistant de Claparède au Laboratoire de psychologie de Genève, deviendra le traducteur et l'admirateur de Jung...

2. On trouvera l'introduction de Claparède aux *Cinq leçons* dans l'appendice de ce volume, ainsi que la note additionnelle où figure une lettre de Freud indiquant sur quel point son « présentateur » l'a compris de travers.

des représentations sexuelles. En ce sens, il y a bien un pansexualisme freudien, qui ne pouvait que faire rougir les sages messieurs – y avait-il là des dames ? – de la Clark University. Mais, s'il est vrai, comme le rappelle justement Jean Laplanche [1], *que « la sexualité est coextensive à l'inconscient », peut-on imaginer quelque université que ce soit qui soit coextensive à l'inconscient sexuel ?*

Qu'a opéré la psychanalyse ? Elle a jeté quelques « rayons de lumière sur une nuit obscure [2] *», elle a approché un nouveau monde, hors du temps et à jamais étranger, qu'elle ne finit pas de découvrir, sans pour autant le conquérir.*

Au fait, que se sont dit Freud et le porc-épic sauvage – et dans quelle langue inconnue de l'un et de l'autre ? – dans le paysage grandiose, tourmenté, des monts Adirondacks ?

J.-B. Pontalis

1. Dans sa préface à Freud, *La vie sexuelle,* P.U.F., 1969.

2. Je fais ici allusion à un passage d'« Au-delà du principe de plaisir » (in *Essais de psychanalyse,* Petite Bibliothèque Payot, 1981, p. 106). Freud écrit : « Si nous ne voulons pas renoncer à l'hypothèse des pulsions de mort, il faut leur associer absolument d'emblée des pulsions de vie. Mais nous devons admettre que nous travaillons là sur une *équation à deux inconnues.* La science nous en apprend si peu sur l'apparition de la sexualité que l'on peut comparer ce problème à une *nuit obscure* où n'a pas même pénétré le rayon de lumière d'une hypothèse » (mes italiques).

Note liminaire

Éditions allemandes :

1910 *Über Psychoanalyse,* Leipzig et Vienne, Deuticke, 62 pages. (2e édit. 1912, 3e édit. 1916, 4e édit. 1919, 5e édit. 1920, 6e édit. 1922, 7e édit. 1924, 8e édit. 1930 ; toutes sans changements.)

1924 *Gesammelte Schriften,* tome 4, p. 349-406. (Avec quelques légers changements.)

1943 *Gesammelte Werke,* tome 8, p. 3-60. (Sans changements par rapport à l'édition précédente.)

Le texte ne figure pas dans *Studienausgabe.*

Éditions françaises :

1920-1921 « Origine et développement de la psychanalyse », *La Revue de Genève,* décembre 1920, janvier 1921, février 1921, traduction française par Yves Le Lay, avec une introduction par Édouard Claparède.

1921 *La psychanalyse,* traduction française par Yves Le Lay, avec une introduction par Édouard Claparède, Payot, Paris, 72 pages. Le texte de Freud est suivi d'une « Note additionnelle » d'Éd. Claparède, qui contient l'essentiel d'une lettre de Freud à Éd. Claparède.

1965 *Cinq leçons sur la psychanalyse,* traduit par Yves Le Lay, suivi de *Contribution à l'histoire du mouvement psychanalytique,* traduit par Serge Jankélévitch, Paris, Payot, 157 pages. (Ouvrage maintes fois réimprimé, qui ne contient pas les textes d'Édouard Claparède.)

Über Psychoanalyse est le premier ouvrage de Freud traduit en français.

Traduction anglaise :

1957 *« Five Lectures on Psycho-Analysis »,* traduit par James Strachey, Londres, The Hogarth Press, *The Standard Edition of the Complete Psychological Works of Sigmund Freud,* tome 11, p. 7-55.

La publication de ces conférences dans *La Revue de Genève,* en 1920-1921, comporte deux coupures que nous signalons. La revue les justifie en ces termes : « Ici et plus loin, nous supprimons un passage un peu scabreux pour les profanes. Notre revue, en effet, n'a pas sur ces sujets spéciaux la liberté d'expression d'une publication scientifique. Le texte intégral se trouvera dans le tirage à part de ces articles qu'éditera bientôt la société d'édition Sonor. » (Le livre paraîtra en fait sous l'étiquette « Payot, Paris ».)

Les mots *Kultur, kulturell* ont été systématiquement traduits (sauf en un endroit) par *culture, culturel,* même là où l'usage français attendrait plutôt l'emploi du mot *civilisation* (ou de son dérivé *civilisé*).

Le lecteur trouvera dans l'Appendice de larges extraits de

l'« Introduction » de Claparède à la première impression de ce texte, ainsi que la totalité de la « Note additionnelle » où il répond à une objection de Freud.

Comme dans les autres volumes de cette série, les notes appelées par des chiffres sont de Freud, celles appelées par des lettres sont des notes de traduction et d'édition. Les numéros en marge sont ceux des pages des *Gesammelte Werke* (en abrégé *G.W.*), tome VIII. Les mots entre crochets dans le texte de Freud sont ajoutés par le traducteur pour faciliter la compréhension. Les mots entre crochets dans les notes de Freud sont aussi des ajouts du traducteur.

Sur la psychanalyse

Cinq conférences prononcées pour la célébration
du vingtième anniversaire
de la fondation de Clark University,
à Worcester, Mass., septembre 1909

À Monsieur G. Stanley Hall, Ph. D., L. L. L.
Président de Clark University
Professeur de Psychologie et de Pédagogie
En témoignage de reconnaissance

I

Mesdames, Messieurs,

C'est pour moi un sentiment nouveau et déroutant que de me présenter en conférencier, dans le Nouveau Monde, devant des auditeurs avides de savoir. Je suppose que je dois cet honneur uniquement au fait que mon nom se rattache au thème de la psychanalyse, et mon intention est donc de vous parler de psychanalyse. Je vais tenter de vous donner, sous la forme la plus concise, un aperçu de la genèse et du développement de cette nouvelle méthode d'investigation et de guérison. Si c'est un mérite que d'avoir appelé à la vie la psychanalyse, celui-ci ne me revient pas [1]. Je n'ai pas participé à ses premiers commencements. J'étais étudiant et en train de préparer mes derniers examens, lorsqu'un

1. [*Addition de 1923* :] Voir toutefois à ce sujet mes remarques dans *Sur l'histoire du mouvement psychanalytique* [1914*d*], où j'assume l'entière responsabilité de la psychanalyse.

autre médecin viennois, le Dr Josef Breuer [1], appliqua ce procédé d'abord au traitement d'une jeune fille souffrant d'hystérie (1880 à 1882). Nous nous occuperons d'abord de l'histoire de cette malade et de son traitement. Vous la trouverez exposée en détail dans les *Études sur l'hystérie* [2] que Breuer et moi publiâmes par la suite.

4 Mais auparavant encore une remarque. Je n'ai pas appris sans plaisir que la plupart de mes auditeurs n'appartiennent pas à la corporation médicale. Ne croyez surtout pas une chose : que pour suivre mes exposés il soit nécessaire de posséder au préalable une formation médicale. Nous ferons, certes, un bout de chemin avec les médecins, mais bientôt nous nous séparerons d'eux pour accompagner le Dr Breuer dans une voie très particulière.

La patiente du Dr Breuer, une jeune fille de vingt et un ans pourvue de grands dons intellectuels, développa, dans le cours de sa maladie, qui s'étendit sur plus de deux ans, une série de troubles physiques et psychiques qui méritaient à coup sûr d'être pris

1. Le Dr Josef Breuer, né en 1842, membre de la *Kaiserliche Akademie der Wissenschaften* [Académie impériale des Sciences], s'est fait connaître par ses travaux sur la respiration et la physiologie du sens de l'équilibre.

2. Freud [1895*d*]. Une partie de ma contribution à cet ouvrage a été traduite en anglais par le Dr A.A. Brill, de New York (*Selected Papers on Hysteria and Other Psychoneuroses by* S. Freud, n° 4 de *Nervous and Mental Disease Monograph Series,* New York [1909]. Troisième édition, augmentée, 1920).

au sérieux. Elle souffrait d'une paralysie rigide des deux extrémités droites avec anesthésie; quelquefois elle présentait la même affection dans les membres gauches du corps, des troubles des mouvements des yeux, avec diverses perturbations de la vue; elle avait de la peine à tenir sa tête droite, une intense toux nerveuse et éprouvait du dégoût devant l'ingestion de la nourriture; elle fut incapable une fois de boire pendant plusieurs semaines malgré une soif torturante, souffrait d'une dégradation de la parole allant jusqu'à la perte de la capacité de parler ou de comprendre sa langue maternelle, connaissait enfin des états d'absence, de confusion, de délire, d'altération de toute sa personnalité, auxquels nous aurons à accorder notre attention par la suite.

Avec un tel tableau clinique, vous allez être enclins à admettre, même si vous n'êtes pas médecins, que nous avons affaire à une affection grave, probablement du cerveau, offrant peu de perspectives de rétablissement et pouvant conduire rapidement au décès de la patiente. Mais croyez-en les médecins : ils vous apprendront que dans une série de cas présentant des symptômes très graves, il est légitime de concevoir un pronostic différent, et bien 5
plus favorable. Lorsqu'un tel tableau clinique se rencontre chez un sujet jeune de sexe féminin, dont les organes vitaux internes (cœur, reins) se révèlent normaux à un examen objectif, mais qui a subi de

violents bouleversements affectifs, et que les différents symptômes s'écartent de ce qu'ils laissent attendre par certains caractères plus fins, les médecins ne prennent pas un tel cas trop au tragique. Ils affirment qu'on n'est pas alors en présence d'une affection organique du cerveau, mais de cet état énigmatique, appelé hystérie depuis le temps de la médecine grecque, qui est capable de simuler toute une série de tableaux de maladies graves. Ils considèrent alors que la vie n'est pas en danger et tiennent pour vraisemblable un rétablissement même complet de la santé. Il n'est pas toujours facile de distinguer une telle hystérie d'une affection organique grave. Mais nous n'avons pas besoin de préciser ici comment on procède à un diagnostic différentiel de ce genre; il nous suffira de savoir que le cas de la patiente de Breuer était un de ceux où aucun médecin expérimenté ne manquerait de conclure à l'hystérie. Nous pouvons également noter ici le rapport médical, qui relève que la maladie fit son apparition pendant que la patiente soignait un père tendrement aimé (frappé d'une grave maladie, qui devait entraîner sa mort), et qu'elle dut renoncer à ses soins, parce qu'elle tomba elle-même malade.

Jusqu'ici, nous avons eu l'avantage de faire route commune avec les médecins; à présent nous n'allons pas tarder à nous séparer d'eux. Vous ne devez en effet pas vous attendre à ce que, pour un malade,

les perspectives d'aide médicale s'accroissent sensiblement du fait que le diagnostic d'hystérie se substitue à celui d'une grave affection organique du cerveau. L'art médical est dans la plupart des cas sans ressources contre les affections cérébrales graves, mais un médecin ne sait rien faire non plus pour combattre l'affection hystérique. Il doit laisser à la nature bienveillante le soin de décider quand et 6
comment elle réalisera son pronostic prometteur [1].

La reconnaissance de la maladie comme étant de l'hystérie ne change donc pas grand-chose pour le malade, mais change d'autant plus de choses pour le médecin. Nous pouvons remarquer qu'il prend à l'égard de l'hystérique une tout autre attitude qu'à l'endroit du malade organique. Il ne voudra pas témoigner au premier la même sympathie qu'au second, du fait que son mal est beaucoup moins sérieux, bien qu'il semble vouloir passer pour tout aussi grave. Mais un autre facteur entre encore en jeu. Le médecin, qui a appris au cours de ses études tant de choses qui demeurent ignorées du profane, a pu se faire certaines représentations des causes des maladies et des changements qu'elles opèrent par exemple dans le cerveau d'un malade souffrant

1. Je sais que cette affirmation n'est plus exacte, mais dans ma conférence je me transporte avec mes auditeurs avant 1880. Si les choses ont changé, c'est pour une bonne part du fait des efforts dont je retrace schématiquement l'histoire.

d'apoplexie ou d'une tumeur maligne. Ces représentations doivent nécessairement être adéquates jusqu'à un certain point, car elles permettent au médecin de comprendre les particularités du tableau clinique. Mais devant les particularités des phénomènes hystériques, tout son savoir, toute sa formation anatomico-physiologique et pathologique le laissent sans ressources. Il ne peut comprendre l'hystérie, il se trouve lui-même devant elle dans la situation d'un profane. Et c'est là une situation désagréable pour quelqu'un qui fait généralement si grand cas de sa science. Les hystériques perdent donc sa sympathie; il les considère comme des gens qui enfreignent les lois de sa science, comme les orthodoxes regardent les hérétiques; il les tient pour capables de tout le mal possible, les accuse d'exagérer et de vouloir tromper délibérément, de simuler; et il les punit en leur retirant son intérêt.

Le Dr Breuer n'a certes pas mérité un tel reproche de la part de sa patiente; il lui accorda sympathie et intérêt, bien qu'au commencement il ne sût comment l'aider. Il est vraisemblable qu'elle lui
7 facilita la tâche par les remarquables qualités de son esprit et de son caractère, dont il rend témoignage dans l'exposé qu'il a consacré à ce cas. Son observation bienveillante lui permit d'ailleurs bientôt de lui apporter une première aide.

On avait remarqué que, dans ses états d'absence,

d'altération psychique accompagnée de confusion, la malade avait l'habitude de murmurer pour elle-même quelques mots qui donnaient l'impression de provenir d'un ensemble psychique qui occupait sa pensée. Le médecin, qui se faisait répéter ces mots, transporta dès lors la malade dans une sorte d'hypnose et lui répéta chaque fois ces mots pour l'inciter à y rattacher quelque chose. La malade se prêta au jeu et reproduisit ainsi en présence du médecin les créations psychiques qui l'avaient dominée durant ses absences et s'étaient trahies dans les paroles exprimées çà et là. C'étaient des fantaisies d'une profonde tristesse, souvent d'une beauté poétique – des rêves diurnes, dirions-nous – qui prenaient en général comme point de départ la présence d'une jeune fille au chevet de son père malade. Lorsqu'elle avait raconté un certain nombre de ces fantaisies, elle était comme délivrée et ramenée à la vie psychique normale. L'amélioration, qui durait plusieurs heures, cédait ensuite la place, le lendemain, à une nouvelle absence, qui était à nouveau supprimée grâce à l'expression des fantaisies qui s'étaient formées derechef. On ne pouvait se soustraire à l'impression que le changement psychique qui se manifestait pendant les absences était une conséquence du stimulus qui procédait de ces formations de fantaisies hautement riches d'affect. La patiente elle-même qui, curieusement, ne parlait et ne comprenait que l'anglais à cette époque de sa maladie, donna à ce traitement d'un genre nouveau le nom de « *talking cure*[a] » ou le désigna plaisamment comme un « *chimney sweeping*[b] ».

Il en résultat bientôt, comme par hasard, qu'un tel ramonage psychique permit d'atteindre encore plus de choses que la mise à l'écart passagère des
8 perturbations psychiques sans cesse récurrentes. Il fut également possible d'obtenir la disparition de symptômes morbides lorsque fut remémoré, dans l'hypnose, avec une manifestation d'affect, à quelle occasion et grâce à quelle connexion ces symptômes étaient apparus pour la première fois : « Il y avait eu en été une période de chaleur intense et la patiente avait très durement souffert de la soif; car, sans pouvoir donner aucune raison, il lui était devenu impossible de boire. Elle prenait dans la main le verre d'eau désiré, mais sitôt qu'il touchait ses lèvres, elle le repoussait comme un hydrophobe. Ce faisant, elle se trouvait manifestement, pour ces quelques secondes, dans un état d'absence. Elle ne vivait que de fruits, de melons, etc. pour calmer sa soif torturante. Lorsque cela eut duré environ six semaines, elle grommela un jour, en état d'hypnose, contre sa dame de compagnie anglaise, qu'elle n'ai-

a. cure de parole.

b. ramonage de cheminée.

mait pas, puis raconta avec tous les signes du dégoût comment elle était entrée dans la chambre de celle-ci alors que le petit chien de la dame de compagnie, une bête répugnante, buvait dans un verre. Elle n'avait rien dit, car elle voulait être polie. Après avoir donné encore une fois une expression énergique à sa colère rentrée, elle demanda à boire, but sans inhibition une grande quantité d'eau et se réveilla de l'hypnose le verre contre les lèvres. Du coup, le trouble avait disparu pour toujours [1]. »

Permettez-moi de m'attarder un instant sur cette expérience. Personne n'avait encore écarté un symptôme hystérique par de tels moyens, ni n'avait en même temps pénétré si profond dans la compréhension de sa cause. Si l'espoir devait se confirmer que d'autres symptômes encore, peut-être la majorité des symptômes de cette maladie, étaient nés de cette manière et devaient être supprimés de cette manière, la découverte de Breuer devait nécessairement être riche de conséquences. Celui-ci ne ménagea pas sa peine pour s'en persuader et explora méthodiquement la pathogenèse des autres symptômes morbides, qui étaient plus graves. Il en était réellement ainsi : presque tous les symptômes étaient
nés de cette manière, comme des restes, comme des 9

1. J. Breuer et S. Freud, *Études sur l'hystérie* [1895*d*], p. 25. [Traduction modifiée, comme dans les citations suivantes.]

précipités, si vous voulez, d'expériences émotionnelles, que nous avons appelés par la suite « traumatismes psychiques », et leur particularité s'éclaircit à travers leur rapport à la scène traumatique qui les avait causés. Ils étaient, pour user du terme technique, *déterminés* par les scènes dont ils figuraient les restes mnésiques, ils n'avaient plus à être décrits comme des réalisations arbitraires ou énigmatiques de la névrose. Relevons toutefois un écart, un point où l'attente ne se réalisa pas. Ce n'était pas toujours une seule expérience vécue qui laissait derrière elle un symptôme; c'était la plupart du temps un bon nombre, souvent un très grand nombre de traumatismes analogues et répétés qui convergeaient pour produire cet effet. Cette chaîne entière de souvenirs pathogènes devait être ensuite reproduite en une succession chronologique, et ceci à rebours : le dernier d'abord et le premier à la fin, et il était tout à fait impossible de s'avancer jusqu'au premier traumatisme, souvent le plus efficient, en sautant par-dessus ceux qui s'étaient produits plus tard.

Vous allez sûrement me réclamer encore d'autres exemples de causation de symptômes hystériques que ce cas d'hydrophobie due au dégoût provoqué par un chien buvant dans un verre. Mais je dois me limiter à très peu d'exemples si je veux m'en tenir à mon programme. C'est ainsi que Breuer

raconte que, chez la jeune fille qu'il soignait, les troubles de la vue le ramenèrent à des circonstances « du genre de celle où la patiente, assise les larmes aux yeux au chevet de son père malade, entendit celui-ci lui demander l'heure; mais elle voyait mal, s'efforçait de distinguer l'heure en approchant la montre de ses yeux, ce qui faisait apparaître très grand le cadran (macropsie et strabisme convergent); ou elle faisait des efforts pour réprimer ses larmes afin que le malade ne les vît pas [1] ». Toutes les impressions pathogènes provenaient d'ailleurs du temps où elle prenait sa part des soins donnés à un père malade. « Une nuit, elle se réveilla pleine d'angoisse pour le malade qui était pris d'un accès de fièvre, et de surcroît tendue parce qu'on attendait de Vienne un chirurgien qui devait pratiquer une opération. La mère 10
de la patiente s'était éloignée pour quelque temps et Anna était assise au chevet du malade, le bras droit posé sur le dossier de son siège. Elle tomba dans un état de rêve éveillé et vit sortir du mur un serpent noir qui approchait du malade pour le mordre. (Il est très probable que, dans la prairie qui s'étendait derrière la maison, il y ait eu quelquefois des serpents qui avaient effrayé la jeune fille auparavant déjà, et qui fournissaient à présent

1. *Op. cit.*, p. 29.

le matériel de l'hallucination.) Elle voulut chasser l'animal mais fut comme paralysée ; le bras droit, qui pendait par-dessus le dossier, était " endormi " devenu anesthésique et parétique, et lorsqu'elle le regarda, ses doigts se transformèrent en petits serpents à tête de mort (ongles). Elle tenta vraisemblablement de chasser le serpent de sa main droite engourdie, de sorte que l'anesthésie et la paralysie de celle-ci entrèrent en association avec l'hallucination des serpents. Lorsqu'elle eut disparu, elle voulut prier dans son angoisse, mais toute langue lui fit défaut, elle ne put s'exprimer en aucune, jusqu'à ce qu'elle trouvât enfin un vers enfantin *anglais,* et elle put dès lors continuer à penser et à prier dans cette langue [1]. » La remémoration de cette scène dans l'hypnose élimina aussi la paralysie rigide du bras droit qui durait depuis le début de la maladie, et mit un terme au traitement.

Lorsque, bien des années plus tard, je tentai d'appliquer la méthode breuérienne d'investigation et de traitement à mes propres malades, je fis des expériences qui coïncidèrent parfaitement avec les précédentes. Une femme d'une quarantaine d'années présentait un tic, un curieux bruit de claquement de langue, qu'elle produisait au moindre énervement et aussi sans nulle cause visible. Ce

1. *Op. cit.,* p. 28-29.

tic tirait son origine de deux expériences qu'elle avait faites et qui avaient ceci de commun qu'elle avait résolu à un certain moment de ne pas faire le moindre bruit et que dans les deux cas, comme par une sorte de contre-volonté, ce même bruit avait rompu le silence ; la première fois, lorsque, après avoir enfin endormi non sans peine son enfant malade, elle s'était dit qu'à présent elle devait rester tout à fait silencieuse pour ne pas le 11
réveiller, et la seconde fois lorsque, au cours d'une promenade en voiture avec ses deux enfants, les chevaux s'emballèrent à cause d'un orage et qu'elle voulut soigneusement éviter le moindre bruit pour ne pas effrayer davantage les bêtes [1]. Je vous donne cet exemple à la place de beaucoup d'autres qui sont rapportés dans les *Études sur l'hystérie* [2].

Si, Mesdames et Messieurs, vous me permettez de généraliser, chose inévitable dans une présentation aussi abrégée, nous pouvons résumer les connaissances que nous avons acquises jusqu'ici par la formule : *nos malades hystériques souffrent de réminiscences.* Leurs symptômes sont des restes et des

1. *Op. cit.*, p. 40 et 43-44.

2. Des extraits de ce livre, complétés par des écrits postérieurs sur l'hystérie, sont actuellement disponibles dans une traduction anglaise due au Dr A.A. Brill, de New York.

symboles commémoratifs [a] de certaines expériences (traumatiques). Une comparaison avec d'autres symboles commémoratifs, dans d'autres domaines, nous conduira peut-être à une compréhension plus profonde de cette symbolique. Les statues et monuments dont nous ornons nos grandes villes constituent de tels symboles. Si vous faites une promenade à travers Londres, vous trouverez devant une des plus grandes gares de la ville une colonne gothique richement décorée, la *Charing Cross.* Au XIIIe siècle, un des anciens rois Plantagenêt, qui fit transporter à Westminster le corps de sa femme chérie, la reine Éléonore [b], éleva des croix gothiques à chacune des stations où le cercueil fut déposé, et *Charing Cross* est le dernier des monuments destinés à conserver le souvenir de cette procession funéraire [1]. Dans une autre partie de la ville, non loin de London Bridge, vous apercevrez une haute colonne moderne, nommée en abrégé *The Monument.* Elle est censée rap-
12 peler le grand incendie qui éclata dans les environs, en 1666, et détruisit une grande partie de la ville.

1. Ou plutôt une réplique de ce monument. Le nom de *Charing* viendrait, à ce que me communique le Dr E. Jones, des mots *chère reine.*

a. Nous traduisons ainsi *Erinnerungssymbole,* litt. « symboles de souvenirs » ; de même plus loin *Erinnerungszeichen* (litt. « signes de souvenir ») est traduit par « signes commémoratifs ».

b. Éléonore ou Aliénor de Castille, morte en 1290, épouse du roi d'Angleterre Édouard Ier.

Ces monuments sont donc des symboles commémoratifs, tout comme les symptômes hystériques; jusqu'ici la comparaison semble légitime. Mais que diriez-vous d'un Londonien qui, aujourd'hui encore, resterait tristement en arrêt devant le monument qui rappelle le cortège funéraire de la reine Éléonore au lieu de vaquer à ses affaires, avec la diligence que réclament les conditions de travail modernes, ou au lieu de songer avec joie à la jeune et fraîche reine de son cœur? Ou que diriez-vous de cet autre Londonien qui, devant le « Monument », pleurerait sur sa chère ville natale réduite en cendres, alors que, depuis ce temps, elle est renée bien plus brillante qu'autrefois? Eh bien, les hystériques et les névrosés se conduisent comme ces deux Londoniens dénués de sens pratique; non seulement parce qu'ils se souviennent des expériences douloureuses qu'ils ont faites longtemps auparavant, mais parce qu'ils restent attachés à elles par leurs affects; ils n'arrivent pas à se libérer du passé et négligent pour lui la réalité et le présent. Cette fixation de la vie psychique aux traumatismes pathogènes est un des caractères les plus importants de la névrose, des plus significatifs sur le plan pratique.

Je vous accorde volontiers l'objection que vous allez probablement me faire à présent, en pensant au cas de la patiente de Breuer. Tous ses traumatismes provenaient en effet de l'époque où elle

soignait son père malade, et ses symptômes ne peuvent être considérés que comme des signes commémoratifs de sa maladie et de sa mort. Ils correspondent donc à un deuil, et une fixation au souvenir du défunt, si peu de temps après son décès, n'a certes rien de pathologique, correspond plutôt à un processus affectif normal. Je vous l'accorde : la fixation aux traumatismes n'a rien de frappant dans le cas de la patiente de Breuer. Mais dans d'autres cas, comme dans celui du tic que j'ai eu à traiter et dont les manifestations remontaient à plus de quinze ans et dix ans en arrière, la caractéristique de l'attachement anormal au passé est très nette, et la patiente de Breuer l'aurait vraisemblablement
13 développée à son tour, si elle n'était pas arrivée au *traitement cathartique* si peu de temps après avoir subi des traumatismes et développé des symptômes.

Nous n'avons discuté jusqu'ici que du rapport que les symptômes hystériques entretiennent avec la biographie du malade; deux autres aspects de l'observation de Breuer peuvent toutefois nous donner une indication sur la manière dont nous avons à concevoir le processus de l'entrée en maladie et du rétablissement. Il faut souligner d'abord que la malade de Breuer avait à réprimer une forte excitation dans presque toutes les situations pathogènes, au lieu de lui laisser la possibilité de s'écouler par les signes d'affect, les paroles et les actes correspondants. Dans la petite expérience vécue avec le chien de la dame de compagnie, elle réprima par égard pour elle toute expression de son très intense dégoût; pendant qu'elle veillait au chevet de son père, elle prenait soin sans cesse de ne rien laisser voir au malade de son angoisse et de sa douloureuse dépression [a]. Lorsqu'elle reproduisit plus tard les mêmes scènes devant son médecin, l'affect alors inhibé se manifesta avec une violence particulière, comme s'il s'était conservé jusqu'à ce moment. Davantage : le symptôme qui avait subsisté à partir de cette scène acquérait sa plus haute intensité lorsqu'on s'approchait de ce qui l'avait causé, pour disparaître après la complète liquidation de cette cause. Réciproquement, on pouvait faire l'expérience que la remémoration de la scène en présence du médecin demeurait sans effet toutes les fois que, pour une raison ou pour une autre, elle se déroulait sans développement d'affect. Les destins de ces affects, que l'on pouvait se représenter comme des grandeurs déplaçables, étaient donc l'élément déterminant en ce qui concernait aussi bien l'entrée en maladie que le rétablissement. On se voyait obligé d'admettre que l'entrée en maladie avait eu lieu parce que les affects développés dans les situations pathogènes se trouvaient devant une issue barrée et que l'essence

a. *Verstimmung.*

de l'entrée en maladie résidait en ce que les affects « coincés » étaient désormais soumis à un usage
14 anormal. Ils subsistaient pour une part en tant que fardeaux durables de la vie psychique et sources pour elle d'excitation constante; pour une part, ils subissaient une transposition en *innervations* et *inhibitions* corporelles inhabituelles, qui se présentaient comme symptômes corporels du cas. Nous avons forgé pour ce dernier processus le nom de « conversion hystérique ». Une certaine part de notre excitation psychique est de toute manière conduite normalement sur les voies de l'innervation corporelle, et produit ce que nous connaissons comme « expression des mouvements émotifs ». Mais la conversion hystérique exagère cette part du déroulement d'un processus psychique chargé d'affect, elle correspond à une expression du mouvement émotif bien plus intense et conduite sur des voies nouvelles. Lorsque le lit d'un fleuve se divise en deux canaux, l'un d'eux se trouvera en état de surplein sitôt que, dans l'autre, le courant se heurtera à un obstacle.

Comme vous le voyez, nous sommes en train de parvenir à une théorie purement psychologique de l'hystérie, dans laquelle nous attribuons le premier rang aux processus affectifs. Une seconde observation de Breuer nous oblige à présent à attribuer une grande importance, dans la caractérisation du procès de la maladie, aux états de conscience. La malade de Breuer montrait diverses complexions psychiques, des états d'absence, de confusion, d'altération du caractère, à côté de son état normal. A l'état normal, elle ne savait rien de ces scènes pathogènes et de leurs connexions avec ses symptômes; elle avait oublié ces scènes ou en tout cas brouillé la connexion pathogène. Quand on la plaçait sous hypnose [a], on parvenait, après une importante dépense de travail, à rappeler ces scènes à sa mémoire, et par ce travail de remémoration les symptômes étaient supprimés. On serait bien embarrassé de dire comment il convient d'interpréter ces faits, si les expériences et les tests faits avec l'hypnotisme ne nous avaient montré la voie. L'étude des phénomènes hypnotiques nous a familiarisés avec l'idée d'abord déconcertante que dans un seul et même individu plusieurs groupements psychiques [b] sont possibles, lesquels peuvent rester passablement indépendants les uns des autres, ne « savent rien » les uns des autres, et attirent alternativement la conscience à eux. Des cas de ce genre, auxquels on donne le nom de *double conscience* [c], se livrent aussi quelquefois spontanément à l'observation. Lorsque,

a. *in die Hypnose versetzte.* Litt. « déplaçait dans l'hypnose ».

b. *seelische Gruppierungen.* Freud entend par là des représentations qui, dans le clivage de la personnalité de l'hystérie, forment des groupes isolés les uns des autres. Cf. J. Laplanche et J.-B. Pontalis, *Vocabulaire de la psychanalyse,* art. « Clivage du moi » et « État hypnoïde ».

c. En français dans le texte.

s'agissant d'un tel clivage de la personnalité, la conscience demeure liée à l'un des deux états, on nomme celui-ci l'état psychique *conscient,* celui qui est séparé de lui l'état psychique *inconscient.* Dans les phénomènes bien connus de suggestion dits post-hypnotiques, où un ordre donné dans l'hypnose s'impose par la suite péremptoirement dans l'état normal, nous avons un excellent modèle des mises sous influence que l'état conscient peut subir de la part de celui qui est pour lui inconscient, et ce modèle nous permet de comprendre les expériences que nous faisons avec l'hystérie. Breuer décida de faire l'hypothèse que les symptômes hystériques naissaient dans ces états psychiques particuliers, qu'il nomma *hypnoïdes.* Les excitations qui pénètrent dans de tels états hypnoïdes deviennent facilement pathogènes, du fait qu'ils n'offrent pas les conditions d'un écoulement normal des processus d'excitation. Il naît, par conséquent, du processus d'excitation un produit qui sort de l'ordinaire, précisément le symptôme, et celui-ci pénètre comme un corps étranger dans l'état normal, lequel, par contre, ne dispose pas de la connaissance de la situation hypnoïde pathogène. Là où existe un symptôme, là se trouve aussi une amnésie, une lacune du souvenir, et le comblement de cette lacune implique la suppression des conditions d'apparition du symptôme.

Je crains que cette partie de mon exposé ne vous

paraisse pas très limpide. Mais ne m'en veuillez pas, il s'agit là de conceptions nouvelles et difficiles, qu'il n'est peut-être pas possible de rendre beaucoup plus claires – ce qui prouve que notre connaissance ne s'est pas encore avancée très loin. La théorie 16
breuérienne des états *hypnoïdes* s'est d'ailleurs révélée gênante et superflue, et aujourd'hui la psychanalyse l'a abandonnée. Nous verrons plus loin [a], au moins succinctement, quelles influences et quels processus il restait à découvrir derrière cette barrière des états hypnoïdes que Breuer avait élevée. Vous aurez sans doute aussi éprouvé, à juste titre, l'impression que la recherche de Breuer ne pouvait vous donner qu'une théorie très incomplète et une explication peu satisfaisante des phénomènes observés, mais les théories parfaites ne tombent pas du ciel, et c'est à plus juste titre encore que vous vous méfierez de quelqu'un qui viendrait vous proposer une théorie complète et sans faille dès le début de ses observations. Une telle théorie ne pourra certainement être qu'un enfant de sa spéculation, et non pas le fruit de l'examen sans préjugé des faits.

a. Cf. la conférence suivante, p. 56.

II 17

Mesdames, Messieurs,

À peu près à l'époque où Breuer pratiquait la *« talking cure »* avec sa patiente, le grand Charcot avait commencé à Paris, à l'hôpital de la Salpêtrière, des investigations dont devait découler une compréhension nouvelle de la maladie. À ce moment, ces résultats ne pouvaient encore être connus à Vienne. Mais lorsque, environ une décennie plus tard, Breuer et moi publiâmes la « Communication préliminaire » sur le mécanisme psychique de phénomènes hystériques [a], communication qui se rattachait au traitement cathartique de la première patiente de Breuer, nous nous trouvions entièrement dans l'orbite des recherches de Charcot. Nous mîmes les expériences pathogènes de nos malades sur le même plan, en tant que traumatismes psychiques, que les traumatismes corporels dont Charcot avait établi

a. J. Breuer et S. Freud [1893*a*].

l'influence sur les paralysies hystériques, et l'hypothèse breuérienne des états hypnoïdes n'est elle-même rien d'autre qu'un reflet du fait que Charcot avait reproduit artificiellement ces paralysies traumatiques dans l'hypnose.

Le grand observateur français, dont je devins l'élève en 1885-1886, n'était pas enclin personnellement à adopter des conceptions psychologiques; son élève Pierre Janet fut le premier à tenter de pénétrer plus profond dans les processus psychiques particuliers de l'hystérie et nous suivions son exemple en mettant le clivage psychique et la dissociation de la personnalité au centre de notre conception. Vous trouverez chez Janet une théorie de l'hystérie
18 qui tient compte des doctrines qui règnent en France sur le rôle de l'hérédité et de la dégénérescence. Selon lui, l'hystérie est une forme de transformation dégénérative du système nerveux qui se manifeste par une faiblesse innée de la synthèse psychique. Les hystériques seraient dès le début inaptes à maintenir dans une unité la diversité des processus psychiques et de là viendrait la tendance à la dissociation psychique. Si vous me permettez une comparaison banale mais claire, l'hystérique de Janet ressemble à une femme faible qui est sortie pour faire des emplettes et qui revient chez elle chargée de cartons et de paquets. Elle ne peut en tenir toute la masse de ses deux

bras et de ses dix doigts, de sorte qu'un objet commence à tomber. Si elle se penche pour le ramasser, elle en lâchera un autre, etc. Ce qui ne cadre pas bien avec cette faiblesse supposée des hystériques, c'est qu'on peut observer chez eux, en dehors des phénomènes de moindre réalisation, des exemples d'élévation partielle des capacités de réalisation, comme par dédommagement. À l'époque où la patiente de Breuer avait oublié sa langue maternelle et toutes les autres langues à l'exception de l'anglais, sa maîtrise de l'anglais atteignait un tel niveau qu'elle était capable, quand on lui mettait un ouvrage allemand sous les yeux, d'en donner à livre ouvert une traduction anglaise parfaite et cursive.

Plus tard, lorsque j'entrepris de poursuivre par mes propres moyens les investigations commencées par Breuer, je ne tardai pas à parvenir à une autre vue concernant la genèse de la dissociation hystérique (clivage de la conscience). Une divergence de ce genre, décisive pour toute la suite, devait nécessairement se produire, du fait qu'à la différence de Janet, je ne partais pas d'essais de laboratoire mais de tentatives thérapeutiques.

J'étais poussé avant tout par un besoin pratique.
Le traitement cathartique, tel que Breuer l'avait
pratiqué, postulait que l'on mît le malade dans une 19
hypnose profonde, car c'était seulement dans l'état

hypnotique qu'il découvrait la connaissance des connexions pathogènes qui lui échappait dans son état normal. Or l'hypnose m'était bientôt devenue antipathique parce qu'elle constituait un auxiliaire hasardeux et pour ainsi dire mystique; lorsque je fis l'expérience qu'en dépit de tous mes efforts, je ne réussissais pas à plonger dans l'état hypnotique plus d'une fraction de mes malades, je décidai de renoncer à l'hypnose et de rendre la méthode cathartique indépendante d'elle. Comme je ne pouvais pas changer à ma guise l'état psychique de la majorité de mes patients, je pris la résolution de travailler en les laissant dans leur état normal. Cela semblait certes au premier abord une entreprise dépourvue de sens et sans avenir. Il s'agissait d'apprendre du malade quelque chose qu'on ne savait pas et qu'il ne savait pas lui-même; comment pouvait-on espérer y parvenir malgré tout? C'est alors que me vint en aide le souvenir d'une très curieuse et instructive tentative à laquelle j'avais assisté chez Bernheim, à Nancy. Bernheim nous montra à cette époque que les individus qu'il avait placés en état de somnambulisme hypnotique, et auxquels il avait fait vivre toutes sortes de choses dans cet état, n'avaient en fait perdu qu'en apparence le souvenir de ce qu'ils avaient vécu comme somnambules et qu'il était possible d'éveiller en eux ces souvenirs quand ils se trouvaient dans leur état normal. Lorsqu'il les interrogeait sur ce qu'ils avaient vécu en état de somnambules, ils affirmaient certes pour commencer n'en rien savoir, mais quand Bernheim insistait, les pressait, les assurait qu'ils le savaient quand même, les souvenirs oubliés revenaient à chaque fois.

Je procédai donc de la même manière avec mes patients. Lorsque j'étais arrivé avec eux jusqu'à un certain point, où ils affirmaient ne plus rien savoir, je les assurais qu'ils savaient quand même, qu'ils n'avaient qu'à le dire, et je me risquais à affirmer que le souvenir qui leur viendrait à l'esprit au moment où je poserais ma main sur leur front serait 20
le bon. Je parvins de cette manière à apprendre de la bouche des malades, sans avoir recours à l'hypnose, tout ce qu'il était nécessaire de savoir pour établir la connexion existant entre les scènes pathogènes oubliées et les symptômes qu'elles avaient laissés. Mais c'était là un procédé pénible, à la longue épuisant, qui ne pouvait convenir à une technique définitive.

Toutefois, je n'y renonçai pas sans tirer des conclusions décisives des observations que j'avais faites en l'utilisant. J'avais donc trouvé la confirmation que les souvenirs oubliés n'étaient pas perdus. Ils étaient en possession du malade et prêts à resurgir en association avec ce qu'il savait encore, mais une force quelconque les empêchait de devenir conscients, les obligeait à demeurer inconscients. On pouvait admettre avec certitude l'existence de cette force, car on sentait un effort qui lui correspondait, lorsqu'on tentait, en s'opposant à elle, d'introduire les souvenirs inconscients dans la pensée du malade. On pouvait ressentir la force qui maintenait l'état morbide sous forme de *résistance* du malade.

C'est sur cette idée de résistance que j'ai dès lors fondé ma conception des processus psychiques à l'œuvre dans l'hystérie. Il s'était révélé nécessaire au rétablissement du malade de supprimer ces résistances; à partir du mécanisme de la guérison, on pouvait à présent se former des représentations tout à fait précises sur l'origine de la maladie. Les forces mêmes qui s'opposaient aujourd'hui en tant que résistance au devenir-conscient de l'oublié devaient nécessairement avoir provoqué antérieurement cet oubli et poussé hors de la conscience les expériences pathogènes en cause. J'appelai *refoulement* le processus dont je faisais l'hypothèse et le considérai comme démontré du fait de l'existence indéniable de la *résistance*.

Mais on pouvait aussi se demander ce que sont
21 ces forces et quelles sont les conditions de ce refoulement où nous reconnaissons désormais le mécanisme pathogène de l'hystérie. Une étude comparative des situations pathogènes que nous avions appris à connaître par l'intermédiaire du traitement cathartique nous permet de répondre à cette ques-

tion. Dans toutes ces expériences vécues, il s'était agi d'une motion de désir, qui avait émergé, et se trouvait en contraste aigu avec les désirs habituels de l'individu, se révélait incompatible avec les exigences éthiques et esthétiques de la personnalité. Il y avait eu un bref conflit, et la fin de cette lutte intérieure était que la représentation qui se dressait devant la conscience, en tant que porteuse de ce désir inconciliable, était tombée victime du refoulement et avait été repoussée hors de la conscience, avec les souvenirs qui en faisaient partie, et oubliée. L'incompatibilité de la représentation avec le moi du malade était donc le motif du refoulement ; les exigences éthiques et autres de l'individu étaient les forces refoulantes. L'acceptation de la motion de désir intolérable et la poursuite du conflit auraient suscité un haut degré de déplaisir ; ce déplaisir était épargné [au malade] par le refoulement, qui se révélait de la sorte un des dispositifs de protection de la personnalité psychique.

Je ne vous citerai qu'un seul de mes cas, parmi beaucoup d'autres, dans lequel les conditions et l'utilité du refoulement se reconnaissent avec une grande netteté. Je dois évidemment abréger cette relation et laisser de côté une importante partie du matériel. Une jeune fille qui avait perdu peu de temps auparavant un père aimé, qu'elle avait contribué à soigner – situation analogue à celle de la

patiente de Breuer – témoigna à son beau-frère, lorsque sa sœur aînée vint à se marier, une sympathie particulière, qui pouvait facilement se camoufler en affection familiale. Cette sœur tomba bientôt malade puis mourut, alors que la patiente
22 et sa mère étaient absentes. Les absentes furent rappelées au plus vite sans être bien informées du cruel événement. Lorsque la jeune fille s'approcha du lit de sa sœur morte, une idée émergea en elle pour un court instant, une idée qui pourrait s'exprimer en ces mots : *à présent il est libre et peut m'épouser.* Nous avons le droit de tenir pour certain que cette idée, qui trahissait l'amour intense, à elle-même inconscient, que la jeune fille éprouvait pour son beau-frère, fut livrée au refoulement tout de suite après, du fait de la révolte de ses sentiments. La jeune fille tomba malade et souffrit de graves symptômes hystériques, et une fois que je l'eus prise en traitement, il se révéla qu'elle avait complètement oublié la scène qui avait eu lieu devant le lit de sa sœur et la motion odieusement égoïste qui s'était manifestée en elle. Elle s'en souvint pendant le traitement, reproduisit l'élément pathogène avec des marques de la plus vive émotion et guérit grâce à ce traitement.

Peut-être me permettrez-vous d'user d'une comparaison grossière pour vous donner une image concrète des processus du refoulement et de sa

relation nécessaire avec la résistance; je l'appliquerai à la situation présente. Supposez qu'ici, dans cette salle et dans cet auditoire, dont je ne saurais trop louer le calme et l'attention exemplaires, il se trouve malgré tout un individu faisant preuve d'une conduite gênante, riant hors de propos, babillant, produisant du bruit avec ses pieds de manière à détourner mon attention de ce que j'ai à vous dire. Je déclare que je ne peux pas continuer à parler dans ces conditions; sur quoi quelques hommes robustes parmi vous se lèvent et, après une courte lutte, mettent le gêneur à la porte. Il est à présent « refoulé » et je peux poursuivre ma conférence. Cependant, pour que le dérangement ne se renouvelle pas, au cas où l'expulsé chercherait à rentrer dans la salle, les personnes qui ont exécuté ma
volonté placent leurs sièges contre la porte et s'éta- 23
blissent en tant que « résistance » une fois le refoulement accompli. Si à présent vous transférez sur le plan psychique les deux endroits dont il a été question – où ils deviennent le « conscient » et l'« inconscient » –, vous vous trouvez en présence d'une assez bonne image du processus du refoulement.

Vous voyez à présent où se situe la différence entre la conception de Janet et la nôtre. Nous ne déduisons pas le clivage du psychisme d'une insuffisance innée de l'appareil psychique pour former des synthèses; nous l'expliquons dynamiquement par le conflit de forces psychiques antagonistes, nous reconnaissons en lui le résultat d'un heurt actif des deux groupements psychiques. Un grand nombre de questions se posent dès lors à partir de notre conception. La situation de conflit psychique est en effet on ne peut plus fréquente; on observe très régulièrement un effort du moi pour se défendre de souvenirs pénibles, et cela sans que cet effort conduise à un clivage du psychisme. On ne peut repousser l'idée qu'il faut encore d'autres conditions, si le conflit doit avoir comme conséquence la dissociation. Je vous accorde volontiers aussi qu'avec l'hypothèse du refoulement, nous ne nous trouvons pas à la fin mais seulement au commencement d'une théorie psychologique; cependant nous ne pouvons avancer que pas à pas et devons nécessairement attendre une connaissance achevée de la poursuite et de l'approfondissement de notre travail.

Ne cherchez pas, d'autre part, à considérer le cas de la patiente de Breuer à partir des points de vue du refoulement. Cette histoire de cas ne s'y prête pas, parce que ses résultats ont été obtenus à l'aide de la mise sous influence hypnotique. C'est seulement à partir du moment où vous excluez l'hypnose que vous pouvez observer les résistances et les refoulements et vous faire une représentation adéquate du processus pathogène effectif. L'hypnose recouvre la résistance et rend un certain territoire psychique librement accessible, mais en contrepartie elle accumule la résistance aux frontières de ce territoire pour en faire un rempart qui rend tout le reste inaccessible.

Ce que l'observation de Breuer nous apprit de 24
plus précieux, ce furent les informations sur la connexion des symptômes avec les expériences pathogènes ou traumatismes psychiques, et à présent nous ne devons pas négliger d'apprécier ces découvertes du point de vue de la théorie du refoulement. On ne voit d'abord vraiment pas comment on arrive du refoulement à la formation du symptôme. Au lieu de donner une dérivation théorique compliquée, je veux d'abord revenir ici à notre précédente image à propos du refoulement. Dites-vous bien qu'avec l'éloignement du perturbateur et l'établissement de gardiens devant la porte, l'affaire n'est pas forcément terminée. Il peut fort bien arriver que l'expulsé, à présent furieux et sans plus d'égard pour rien, nous donne encore du travail. Certes, il n'est plus parmi nous, nous nous sommes débarrassés de sa présence, de son rire sarcastique, de ses réflexions à haute voix, mais d'un certain point de vue, le refoulement a tout de même été sans succès, car dehors l'individu mène un tapage insupportable et ses cris, ses coups de poing contre la porte gênent mon exposé plus qu'auparavant sa conduite inconvenante. Dans ces

conditions nous serions soulagés que, par exemple, notre vénéré président, le Dr Stanley Hall, veuille bien assumer le rôle de médiateur pour faire revenir la paix. Il parlerait dehors avec l'énergumène et ensuite se tournerait vers nous en nous priant de le laisser tout de même rentrer, en se portant garant de sa meilleure conduite à venir. Nous reposant sur l'autorité du Dr Hall, nous décidons de mettre fin au refoulement, et dès lors le calme et la paix règnent à nouveau. Vous avez là une image réellement assez adéquate de la tâche qui incombe au médecin dans la thérapie analytique des névroses.

Parlons à présent sans image. L'examen des malades hystériques et des autres névrosés nous conduit à la conviction qu'ils ont *raté* le refoulement de l'idée à laquelle s'attache le désir intolérable. Ils l'ont certes chassée de leur conscience et de leur mémoire et se sont apparemment épargné une grande quantité de déplaisir, *mais dans l'inconscient la motion de désir refoulée subsiste toujours,* elle guette une occasion d'être activée, et s'entend alors à envoyer dans la conscience, à la place du refoulé, une *formation substitutive* déformée et rendue méconnaissable, formation à laquelle se rattachent bientôt les mêmes sensations de déplaisir que celles qu'on croyait s'épargner par le refoulement. Cette formation substitutive pour l'idée refoulée – le *symptôme* – est protégée contre de nouvelles attaques de la part du moi sur la défensive, et à la place du bref conflit apparaît maintenant une souffrance qui n'a pas de fin dans le temps. On constate, dans le symptôme, à côté des marques de déformation, un reste d'analogie avec l'idée originellement refoulée, qui se communique d'une manière ou d'une autre; les voies par lesquelles la formation substitutive s'est produite sont susceptibles d'être découvertes pendant le traitement psychanalytique du malade, et il est nécessaire à sa guérison que le symptôme soit reconduit par ces mêmes voies jusqu'à l'idée refoulée. Si le refoulé est ramené à l'activité psychique consciente, ce qui postule de pouvoir surmonter de notables résistances, le conflit psychique qui s'est produit, et que le malade voulait éviter, peut trouver, sous la direction du médecin, une meilleure issue que ce qu'offrait le refoulement. Il existe plusieurs de ces solutions [a] adéquates, qui conduisent conflits et névroses à une fin heureuse et qui peuvent aussi, selon les cas, être atteintes combinées les unes avec les autres. Ou bien la personnalité du malade est amenée à la conviction qu'elle a repoussé à tort le désir pathogène et elle est conduite à l'accepter dans sa totalité ou en partie; ou bien ce désir est lui-même conduit à un but plus élevé et par là soustrait aux objections (ce qu'on appelle sa *subli-*

a. *Erledigungen.*

26 *mation*); ou bien on reconnaît son rejet comme légitime, mais on remplace le mécanisme automatique, et par là insuffisant, du refoulement par une condamnation avec l'aide des plus hautes réalisations spirituelles de l'homme : on obtient sa maîtrise consciente.

Pardonnez-moi de n'avoir pas réussi à vous représenter d'une manière plus clairement intelligible ces points de vue essentiels de la méthode de traitement désormais nommée *psychanalyse*. Les difficultés ne résident pas seulement dans la nouveauté de l'objet. De quel genre sont ces désirs intolérables qui savent se rendre perceptibles à partir de l'inconscient, en dépit du refoulement? Quelles conditions subjectives ou constitutionnelles doivent-elles se rencontrer dans un individu pour que s'accomplisse un tel échec du refoulement, avec formation substitutive ou formation du symptôme? C'est ce qui fera l'objet de mon prochain exposé.

III

27

Mesdames, Messieurs,

Il n'est pas toujours facile de dire la vérité, surtout quand on doit être bref; c'est ainsi que je suis obligé aujourd'hui de corriger une inexactitude que j'ai commise dans la conférence précédente. Je vous disais qu'après avoir renoncé à l'hypnose, quand je poussais mes malades à me communiquer au moins ce qui leur venait à l'esprit à propos du problème que nous étions en train de traiter – en leur affirmant qu'ils savaient quand même tout ce qu'ils prétendaient avoir oublié et que l'idée* [a] qui leur viendrait à l'esprit contiendrait sûrement ce que nous cherchions –, je vous disais donc qu'à ce moment je faisais effectivement l'expérience que la première idée* de mon malade apportait ce qu'il fallait et se révélait être la suite oubliée de la remémoration.

a. *Einfall,* « idée qui vient inopinément à l'esprit, hors contexte ». Le mot, qui apparaît à maintes reprises dans cette conférence, est traduit chaque fois par *idée* suivi d'un astérisque.

Ce n'est pourtant pas vrai dans tous les cas; c'est seulement pour être bref que j'ai présenté les choses d'une manière aussi simple. En réalité, ce fut seulement au cours des premières fois que ce qui avait été vraiment oublié se manifesta par une simple insistance de ma part. Continuait-on avec le même procédé, il se présentait chaque fois des idées* qui pouvaient ne pas être les bonnes parce qu'elles n'étaient pas appropriées, et que les malades rejetaient eux-mêmes comme telles. Ici, l'insistance n'apportait aucune aide de plus et on pouvait regretter d'avoir abandonné l'hypnose.

À ce stade de perplexité, je me raccrochai à un préjugé dont la légitimité scientifique fut prouvée plusieurs années après par C.G. Jung et ses élèves, à Zurich. Je dois dire qu'il est quelquefois bien
28 utile d'avoir des préjugés. Je nourrissais une haute opinion quant à la rigueur de la détermination des processus psychiques et ne pouvais croire que l'idée* qui venait à un malade dans un état d'attention tendue fût complètement arbitraire et sans rapport avec la représentation oubliée que nous cherchions. Que cette idée* ne fût pas identique à cette représentation, cela s'expliquait d'une manière satisfaisante à partir de la situation psychologique présupposée. Dans le malade en traitement, deux forces agissaient l'une contre l'autre; d'une part, son effort conscient pour tirer vers la conscience l'oublié pré-

sent dans son inconscient; d'autre part, la résistance que nous connaissons déjà, qui se rebellait contre un tel devenir-conscient du refoulé et de ses rejetons. Quand cette résistance était égale à zéro ou très faible, l'oublié devenait conscient sans déformation; il était donc tentant de supposer que la déformation de ce qui était cherché se révélerait d'autant plus grande qu'était grande la résistance au devenir-conscient de ce qui était cherché. L'idée* venue au malade à la place de la chose recherchée était donc elle-même née comme un symptôme; elle était une nouvelle formation substitutive, artificielle et éphémère venue à la place du refoulé, et lui ressemblait d'autant moins qu'elle avait été davantage déformée sous l'influence de la résistance. Toutefois, elle devait nécessairement présenter une certaine analogie avec ce qui était cherché, en vertu de sa nature de symptôme, et quand la résistance n'était pas trop intense, il devait nécessairement être possible de deviner, à partir de l'idée* venue au malade, l'élément caché qu'on cherchait. Cette idée* devait se comporter par rapport à l'élément refoulé comme une allusion, comme une figuration de cet élément en discours *indirect*.

Nous connaissons, dans le domaine de la vie psychique normale, des cas où des situations analogues à celle dont nous faisons l'hypothèse livrent également des résultats analogues. Le *mot d'esprit* est un de ces cas. C'est ainsi que les problèmes de la technique psychanalytique m'ont obligé aussi à m'occuper de la technique de la formation du mot d'esprit. Je ne vous en donnerai qu'un seul exemple; il s'agit au demeurant d'un mot d'esprit en langue anglaise.

29 Voici l'anecdote [1]. Deux hommes d'affaires peu scrupuleux ont réussi à acquérir une grande fortune par une série d'entreprises extrêmement hasardeuses et ils s'efforcent à présent de s'imposer à la bonne société. Il leur semble notamment utile de se faire peindre par le plus distingué et coûteux peintre de la ville, dont les tableaux sont considérés comme des événements. Les précieux tableaux sont d'abord montrés à l'occasion d'une grande soirée et les deux maîtres des lieux conduisent eux-mêmes le connaisseur et critique d'art le plus influent devant le mur du salon où les deux portraits sont accrochés l'un à côté de l'autre, ceci afin de lui arracher un jugement élogieux. Celui-ci considère longuement les tableaux, puis secoue la tête comme s'il constatait un manque et demande seulement en désignant l'espace vide entre les deux toiles : *« And where is the Saviour? »* [« Et où est le Sauveur? »] Je vois que vous riez tous de ce bon mot d'esprit, dans la

1. S. Freud, *Le mot d'esprit et sa relation avec l'inconscient* [1905*c*], p. 151.

compréhension duquel nous allons tenter de pénétrer. Nous comprenons que le connaisseur veut dire : Vous êtes une paire de gredins comme ceux entre lesquels le Sauveur a été mis en croix. Mais il ne le dit pas; au lieu de cela, il exprime quelque chose qui semble d'abord singulièrement peu pertinent et inapproprié, mais que l'instant d'après nous reconnaissons comme une *allusion* à l'insulte qu'il a l'intention de lancer et comme un substitut pleinement valable de celle-ci. Nous ne pouvons pas nous attendre à retrouver, dans le cas du mot d'esprit, tous les rapports que nous présupposons dans l'idée* qui naît chez nos patients, mais nous voulons insister sur l'identité qui existe entre la motivation du mot d'esprit et celle de cette idée*. Pourquoi notre critique ne dit-il pas directement aux deux gredins ce qu'il voudrait leur dire? Parce qu'à côté de son envie de le leur dire sans voile, en pleine figure, il est d'excellents motifs qui agissent en lui dans le sens contraire. Il n'est pas sans danger 30
d'offenser des gens dont on est l'hôte et qui disposent des poings vigoureux d'une nombreuse domesticité. On peut facilement tomber victime du sort que j'ai mis en analogie avec le « refoulement » dans ma précédente conférence. C'est la raison pour laquelle le critique n'exprime pas directement l'insulte qu'il a l'intention de lancer, mais le fait d'une manière déformée, en tant qu'« allusion avec omis-

sion [a] », et c'est cette même constellation qui est cause, à notre avis, que notre patient, au lieu de produire la chose oubliée que nous cherchons, produit une *idée* substitutive* plus ou moins déformée.

Il est juste, Mesdames et Messieurs, de désigner, selon le précédent de l'École de Zurich (Bleuler, Jung, etc.), un groupe d'éléments de représentation interdépendants et chargés d'affect du nom de *« complexe »*. Nous voyons ainsi que si, pour chercher un complexe chez un malade, nous partons de la dernière chose dont il se souvienne encore, nous avons toutes les chances de la deviner, lorsque le malade met à notre disposition un nombre suffisant de ses libres idées*. Nous laissons donc le malade dire ce qu'il veut et nous en tenons au présupposé qu'il ne peut rien lui venir à l'esprit qui ne dépende indirectement du complexe recherché. Cette voie pour découvrir le refoulé vous paraît peut-être par trop pénible, mais je peux vous assurer que c'est la seule praticable.

Si nous appliquons cette technique, nous nous trouvons de surcroît gênés par le fait que le malade se tait fréquemment, tombe en panne, et affirme qu'il ne sait que dire, qu'absolument rien ne lui vient à l'esprit. Si tel était le cas et que le malade

a. Cf. S. Freud [1905*c*], p. 151 *sq.*, où il est question de cette technique.

eût raison, il serait prouvé que notre procédé est
insuffisant. Une observation plus fine montre cepen-
dant qu'une telle défaillance des idées* qui sur-
gissent dans l'esprit ne se produit à proprement
parler jamais. Elle ne paraît se produire que parce
que le malade retient ou ne cesse d'écarter l'idée*
dont il prend conscience, et cela sous l'influence des
résistances qui se déguisent en jugements critiques
de toutes sortes quant à la valeur de cette idée*.
On se protège là contre en avertissant le patient 31
d'un tel comportement et en l'incitant à ne pas se
soucier de cette critique. On veut qu'il dise ce qui
lui vient à l'esprit, en renonçant totalement à une
sélection critique de ce genre, même s'il tient ce
qu'il dit pour inexact, étranger à la question, absurde,
surtout aussi lorsqu'il lui est désagréable d'occuper
sa pensée avec l'idée* qui lui vient à l'esprit. Si
cette prescription est observée, nous nous assurons
un matériel qui nous conduit sur la trace des
complexes refoulés.

Ce matériel d'idées* qui viennent à l'esprit du malade et qu'il écarte avec mépris, lorsqu'il est sous l'influence de la résistance et non de celle du médecin, représente pour le psychanalyste en quelque sorte le minerai dont il extrait son contenu de métal précieux à l'aide de simples arts d'interprétation. Voulez-vous vous faire une idée rapide et provisoire des complexes refoulés d'un malade, sans encore pénétrer jusqu'à leur disposition et leur interconnexion? Alors utilisez le test de l'*expérience des associations* tel que Jung [1] et ses élèves l'ont élaboré. Ce procédé fournit au psychanalyste ce que l'analyse qualitative fournit au chimiste; il n'est pas indispensable à la thérapie des névrosés, mais indispensable à la démonstration objective des complexes et à l'examen des psychoses, auquel l'École de Zurich s'est attaquée avec tant de succès.

Le traitement des idées* qui viennent à l'esprit du patient lorsqu'il se soumet à la principale règle psychanalytique n'est pas le seul de nos moyens techniques pour explorer l'inconscient. Deux autres procédés concourent au même but : l'interprétation de ses rêves, l'exploitation de ses actes manqués et de ses actes fortuits.

Je vous avouerai, Mesdames et Messieurs, que j'ai longtemps hésité en me demandant si, au lieu
32 de cet aperçu succinct du domaine entier de la psychanalyse, je ne devrais pas plutôt vous offrir un exposé détaillé de l'*interprétation du rêve* [2]. Une raison purement subjective et apparemment secondaire m'en a retenu. Il m'a semblé presque choquant, dans un pays orienté vers des buts pratiques, de me présenter comme un « interprète des rêves »,

1. C.G. Jung [1906].
2. S. Freud, *L'interprétation du rêve* [1900*a*].

avant même que vous ne connaissiez l'importance à laquelle peut prétendre cet art suranné et méprisé. L'interprétation du rêve est en réalité la *via regia* conduisant à la connaissance de l'inconscient [a]; c'est le plus sûr fondement de la psychanalyse et le domaine où tout travailleur [en ce domaine] doit acquérir sa conviction et sa formation. Lorsqu'on me demande comment on peut devenir psychanalyste, je réponds : en étudiant ses propres rêves. Avec une intuition parfaite, tous les adversaires de la psychanalyse se sont gardés jusqu'ici de prendre en considération *L'interprétation du rêve,* ou bien ont tenté de la négliger avec les plus plates objections. Si au contraire vous êtes capables d'admettre les solutions des problèmes de la vie onirique, les nouveautés auxquelles la psychanalyse confronte votre pensée n'offriront plus de difficultés pour vous.

N'oubliez pas que nos productions oniriques nocturnes montrent d'une part la plus grande analogie extérieure et la plus grande parenté intérieure avec les créations de la maladie mentale, mais que d'autre part elles sont compatibles avec la santé de l'existence éveillée. Ce n'est pas une affirmation paradoxale que de dire que celui qui aborde ces illusions des sens, idées délirantes, changements de caractère

a. Cette phrase a été introduite presque dans les mêmes termes dans la deuxième édition (1909) de *L'interprétation du rêve* [1900*a*].

« normaux » avec étonnement et non pas avec compréhension n'a pas la plus légère chance de comprendre les formations anormales des états psychiques morbides autrement qu'en profane. Vous pouvez tranquillement ranger aujourd'hui presque tous les psychiatres au nombre des profanes. Je vous demande à présent de me suivre pour une brève incursion dans le domaine des problèmes du rêve.

33 Lorsque nous sommes éveillés, nous avons l'habitude de traiter les rêves avec autant de mépris que le patient les idées* que lui réclame le psychanalyste. Nous les éloignons aussi de nous en les oubliant en général rapidement et complètement. Notre piètre opinion des rêves se fonde sur leur caractère étrange, même quand ils ne sont pas confus et absurdes, et sur l'absurdité et le non-sens évidents d'autres rêves; notre rejet se réfère aux tendances impudiques et immorales qui apparaissent ouvertement dans beaucoup de rêves, sans la moindre inhibition. L'Antiquité ne partageait pas, comme vous le savez, cette piètre opinion des rêves. Chez nous, les couches inférieures de la population ne doutent pas, aujourd'hui encore, de la valeur des songes; comme les Anciens, elles attendent d'eux la révélation de l'avenir.

J'avoue que je n'éprouve pas le besoin de former des hypothèses mystiques pour combler les lacunes de notre connaissance présente, et c'est bien pourquoi aussi je n'ai jamais rien pu trouver qui confirmât la nature prophétique des rêves. On peut dire d'eux bien d'autres choses, des choses qui ne laissent pas d'être étonnantes elles aussi.

D'abord, tous les rêves ne sont pas étrangers au rêveur par leur nature même, incompréhensibles et confus. Si vous examinez les rêves de très jeunes enfants, à partir d'un an et demi, vous constaterez qu'ils sont très simples et faciles à expliquer. Le petit enfant rêve toujours de réaliser des désirs que le jour précédent a éveillés en lui et n'a pas satisfaits. Vous n'aurez besoin d'aucun art d'interprétation pour trouver cette solution simple; vous n'aurez qu'à vous informer de ce que l'enfant a vécu la veille (jour du rêve [a]). La solution la plus satisfaisante de l'énigme du rêve serait certes que les rêves des adultes ne soient pas autre chose que ceux des enfants, des réalisations de motions de désir que leur a apportées le jour du rêve. C'est d'ailleurs ainsi qu'il en va en réalité; les difficultés que rencontre cette solution peuvent être écartées pas à pas par une analyse plus approfondie des rêves. 34

C'est là que réside avant tout la première et la plus importante objection : les rêves d'adultes ont ordinairement un contenu incompréhensible, qui ne

a. *Traumtag.* Selon *L'interprétation du rêve* (1900*a*), chap. V, A, le rêve se rapporte toujours à un événement de la veille, ou au moins remémoré la veille.

permet pas de reconnaître le moindre accomplissement de désir. La réponse est ici la suivante : les rêves ont subi une déformation; le processus psychique sur lequel ils se fondent aurait dû à l'origine trouver une tout autre expression verbale. Vous devez distinguer le *contenu manifeste du rêve* (tel que vous vous en souvenez vaguement le matin et le revêtez péniblement de mots, d'une façon apparemment arbitraire) des *pensées latentes du rêve,* que vous devez tenir pour présentes dans l'inconscient. Cette déformation du rêve est le même processus que celui que vous avez appris à connaître lorsque nous avons examiné la formation des symptômes hystériques [a]; elle indique aussi que le même jeu contrasté des forces psychiques participe à la formation du rêve et à celle du symptôme. Le contenu manifeste du rêve est le substitut déformé des pensées inconscientes du rêve, et cette déformation est l'œuvre de forces défensives du moi, de résistances qui interdisent tout simplement aux désirs refoulés de l'inconscient d'accéder à la conscience dans la vie éveillée, mais qui, dans le rabaissement où ils se trouvent en l'état de sommeil, sont tout de même encore suffisamment forts pour obliger les désirs refoulés à se cacher sous un déguisement. Le rêveur ne reconnaît alors pas plus le sens de ses rêves que

a. Cf. p. 41 *sq*.

l'hystérique le rapport et la signification de ses symptômes.

Qu'il y ait des pensées latentes du rêve et qu'il existe réellement entre elles et le contenu manifeste du rêve la relation que nous venons de décrire, c'est de quoi vous vous convaincrez dans l'analyse des rêves, technique qui coïncide avec la technique de la psychanalyse. Vous faites entièrement abstraction de la connexion apparente des éléments assemblés
dans le rêve manifeste et vous cherchez à rassembler 35
les idées* que fournit, selon la règle du travail psychanalytique, chaque élément isolé du rêve, à la faveur d'associations libres. À partir de ce matériel, vous devinerez les pensées latentes du rêve, de même que, à partir des idées* du malade au sujet de ses symptômes et de ses souvenirs, vous avez deviné ses complexes cachés. Les pensées latentes du rêve découvertes de cette manière vous permettront de voir, sans avoir à chercher plus loin, combien il est légitime de ramener les rêves des adultes aux rêves des enfants. Ce qui se substitue à présent, en tant que sens propre du rêve, à son contenu manifeste est toujours clairement compréhensible, se rattache aux impressions ressenties la veille, se révèle comme un accomplissement de désirs insatisfaits. Vous ne pouvez plus alors décrire le sens manifeste que vous connaissez à partir de votre souvenir au réveil que comme l'accomplissement *déguisé* de désirs *refoulés*.

À présent vous pouvez aussi comprendre, par une sorte de travail synthétique, le processus qui a conduit la déformation des pensées inconscientes du rêve à leur contenu manifeste. Nous nommons ce processus le « travail du rêve ». Il mérite pleinement notre intérêt théorique, parce que nous pouvons étudier sur lui comme nulle part ailleurs les processus psychiques insoupçonnés qui peuvent avoir lieu dans l'inconscient, ou plus exactement *entre* deux systèmes psychiques séparés comme le conscient et l'inconscient. Parmi ces processus psychiques nouvellement découverts, ceux de la *condensation* et du *déplacement* ressortent le plus nettement. Le travail du rêve est un cas particulier des interactions de différents groupements psychiques, donc des résultats du clivage psychique et, pour l'essentiel, il semble identique au travail de déformation qui transforme les complexes refoulés en symptômes, lorsqu'il y a échec du refoulement.

L'analyse des rêves, et de la manière la plus convaincante l'analyse de vos propres rêves, vous feront découvrir en outre avec étonnement le rôle important et insoupçonné que les impressions et les expériences vécues des premières années de l'enfance jouent dans le développement de l'individu. Dans
36 la vie onirique, l'enfant poursuit en quelque sorte son existence dans l'homme, en conservant toutes ses particularités et ses motions de désir, même

celles qui sont devenues inutilisables dans la vie ultérieure. Vous verrez sans plus pouvoir en douter par quels développements, refoulements, sublimations et formations réactionnelles l'enfant, qui était tout autrement disposé, donne naissance à l'homme dit normal, porteur et pour une part victime d'une culture péniblement acquise.

Je veux aussi attirer votre attention sur le fait que l'analyse des rêves nous a fait découvrir que l'inconscient se sert, notamment pour la figuration des complexes sexuels, d'une certaine symbolique, qui, pour une part, varie selon les individus mais, de l'autre, est fixée dans des formes typiques, et semble recouvrir la symbolique dont nous supposons l'existence à l'arrière-plan de nos mythes et de nos contes. Il ne serait pas impossible que ces créations des peuples puissent recevoir leur explication à partir du rêve.

Je dois enfin vous mettre en garde : vous ne devez pas vous laisser impressionner par l'objection selon laquelle l'existence de rêves d'angoisse contredirait notre conception du rêve comme accomplissement de désir. Indépendamment du fait que ces rêves d'angoisse ont aussi besoin d'une interprétation avant qu'on puisse porter un jugement sur eux, il faut dire, de façon tout à fait générale, que l'angoisse ne tient pas au contenu du rêve aussi simplement qu'on se le représente, sans plus ample connaissance, compte tenu des conditions de l'angoisse névrotique. L'angoisse est une des réactions de récusation du moi à l'encontre des désirs refoulés devenus puissants, et s'explique donc très bien aussi dans le rêve, lorsque la formation de celui-ci s'est mise par trop au service de l'accomplissement de désirs refoulés.

Vous le voyez, l'analyse des rêves se justifierait déjà en soi, par les informations qu'elle livre sur des choses par ailleurs difficiles à savoir. Mais nous y sommes parvenus en connexion avec le traitement
37 psychanalytique des névrosés. Après tout ce qui a déjà été dit, vous comprendrez sans peine comment l'interprétation des rêves, si elle n'est pas rendue trop difficile par les résistances du malade, conduit à la connaissance des désirs cachés et refoulés de celui-ci et des complexes qu'ils nourrissent. Je vais à présent passer au troisième groupe de phénomènes psychiques dont l'étude est devenue un des moyens de la psychanalyse.

Je veux parler des petits actes manqués des gens normaux aussi bien que des nerveux, auxquels on n'attribue ordinairement aucune signification [a], l'oubli de choses qu'ils pourraient savoir et qu'ils savent effectivement en d'autres circonstances (par exemple l'oubli passager de noms propres), les lapsus de

a. *Bedeutung*. Le mot signifie aussi « importance ».

parole, si fréquents chez nous aussi, les lapsus d'écri-
ture et de lecture qui sont du même genre, les ratés
d'exécution, l'oubli ou le bris d'objets, etc., toutes
choses auxquelles on ne cherche en général pas de
détermination psychique et qu'on fait passer sans
plus pour des événements fortuits, pour des effets
de la distraction, de l'inattention, ou circonstances
du même genre. A cela s'ajoutent les actes et les
gestes que nous faisons sans nous en rendre compte,
sans encore moins leur attacher de l'importance,
comme de jouer, de s'amuser avec des objets, de
fredonner des airs, de tripoter des parties de notre
propre corps ou nos vêtements, etc. [1]. Ces petites
choses, les *actes manqués* aussi bien que les *actes
symptomatiques* et les *actes fortuits,* ne sont pas aussi
dépourvus de signification qu'on est prêt à l'ad-
mettre par une sorte d'accord tacite. Ces actes sont
éminemment pleins de sens, le plus souvent sus-
ceptibles d'être aisément et sûrement interprétés à
partir de la situation où ils se produisent; il se
révèle qu'ils donnent une expression à des impul-
sions et à des intentions qui doivent être tenues à
l'écart, cachées à la conscience même de leur auteur,
ou qu'ils dérivent en fait des mêmes motions de 38
désir et des mêmes complexes refoulés que nous
avons appris à connaître en tant qu'ils créent des

1. S. Freud, *Psychopathologie de la vie quotidienne* [1901*b*].

symptômes et façonnent des rêves. Ils méritent donc d'être considérés comme des symptômes et leur prise en considération peut, comme celle des rêves, conduire à la découverte de ce qui est caché dans la vie psychique. Avec leur aide [a], l'homme trahit en règle générale les plus intimes de ses secrets. Lorsqu'ils se produisent avec une facilité et une fréquence particulières, même chez le bien-portant, qui a dans l'ensemble réussi le refoulement de ses motions inconscientes, cela tient à leur caractère sans importance et inapparent. Mais ils ont le droit de prétendre à une haute valeur théorique, parce qu'ils nous prouvent l'existence du refoulement et de la formation substitutive, même dans les conditions de la santé.

Comme vous l'avez déjà remarqué, le psychanalyste se distingue par une foi particulièrement rigoureuse dans le déterminisme de la vie psychique. Pour lui il n'existe rien de petit, rien d'arbitraire ni de fortuit dans les expressions psychiques; il s'attend à trouver une motivation suffisante partout où on n'élève en général pas une telle exigence; davantage : il est préparé à une *motivation multiple* du même effet psychique, alors que notre besoin (prétendu inné) de découvrir une cause se tient pour

a. Nous traduisons littéralement « *Mit ihrer Hilfe* ».

satisfait avec [la découverte d'] une seule cause psychique.

Rassemblons à présent les moyens dont nous disposons pour découvrir le caché, l'oublié, le refoulé de la vie psychique : l'étude des idées* que nous suscitons chez les patients par l'association libre, l'étude de leurs rêves, de leurs actes manqués et de leurs actes symptomatiques ; ajoutez-y l'exploitation d'autres phénomènes qui se produisent durant le traitement psychanalytique et à propos desquels je ferai quelques remarques par la suite [a] sous le terme général de « transfert » : vous conclurez avec moi que notre technique est déjà suffisamment efficace
pour résoudre ses tâches, amener à la conscience le 39
matériel psychique pathogène et écarter ainsi les souffrances suscitées par la formation de symptômes substitutifs. Et si, durant nos efforts thérapeutiques, nous enrichissons et approfondissons notre connaissance de la vie psychique de l'homme normal et de l'homme malade, cela ne peut être à coup sûr considéré que comme un attrait et un avantage particuliers de ce travail.

Je ne sais si vous avez acquis l'impression que la technique à travers l'arsenal de laquelle je vous ai conduits est particulièrement difficile. À mon sens, elle est tout à fait adaptée à l'objet qu'elle a

a. À la fin de la dernière conférence, p. 109.

pour devoir de maîtriser. Mais ce qui est sûr, c'est qu'elle ne va pas de soi, qu'elle doit être apprise comme la technique histologique ou la technique chirurgicale. Vous serez peut-être étonnés d'apprendre qu'en Europe nous avons entendu une foule de jugements sur la psychanalyse venant d'individus qui ne savent rien de cette technique et ne l'appliquent pas, et qui ensuite exigent, comme par dérision, que nous leur prouvions la justesse de nos résultats. Parmi ces adversaires, il se trouve certainement aussi des gens qui, d'ordinaire, ne sont pas étrangers au mode de pensée scientifique, qui, par exemple, ne rejetteraient pas le résultat d'une investigation au microscope parce qu'on ne le constate pas à l'œil nu sur la préparation anatomique, mais qui préfèrent juger eux-mêmes de l'état des choses avec l'aide du microscope. Seulement, en matière de psychanalyse, les conditions sont réellement moins favorables en ce qui concerne la reconnaissance [des résultats]. La psychanalyse veut faire reconnaître consciemment ce qui est refoulé dans la vie psychique, et chacun de ceux qui la jugent est lui-même un être humain qui possède de tels refoulements, ne les maintient peut-être qu'avec peine. Elle doit donc nécessairement susciter chez lui la même résistance que celle qu'elle éveille chez le malade, et il est facile à cette résistance de se déguiser en récusation intellectuelle et d'invoquer

des arguments analogues à ceux que nous rejetons
chez nos malades à l'aide de la règle fondamentale 40
de la psychanalyse. Chez nos adversaires comme
chez nos malades, nous pouvons fréquemment
constater qu'une très nette influence affective s'exerce
sur leur jugement, et cela dans le sens d'un rabais-
sement [de la psychanalyse]. La présomption de la
conscience, qui rejette par exemple le rêve avec tant
de mépris, appartient aux dispositions protectrices
dont nous sommes tous pourvus contre l'irruption
des complexes inconscients, et c'est la raison pour
laquelle il est difficile de convaincre les gens de la
réalité de l'inconscient et de leur apprendre à
connaître du neuf qui contredit leur connaissance
consciente.

IV 41

Mesdames, Messieurs,

Vous souhaiterez connaître à présent ce que l'expérience nous a appris, à l'aide des moyens techniques qui vous ont été décrits, au sujet des complexes pathogènes et des motions de désir refoulées des névrosés.

Avant tout une chose : la recherche psychanalytique ramène, avec une régularité réellement surprenante, les symptômes des souffrances qui affectent nos malades à des impressions venant de leur vie érotique [a], nous montre que les motions de désir pathogènes sont de la nature des composantes pulsionnelles érotiques, et nous force à admettre que, parmi les influences qui conduisent à la maladie, la plus grande importance doit être attribuée à des

a. *Liebesleben.* Litt. « vie amoureuse ». Plus bas, sans changer de sujet, Freud emploie le mot *Erotik.* Comme il s'agit ici du pulsionnel plus que du sentimental, nous traduisons dans les deux cas par « vie érotique ».

perturbations de la vie érotique[a] – cela pour les deux sexes.

Je sais qu'on ne me croit pas volontiers quand j'affirme cela. Même les chercheurs qui suivent avec sympathie mes travaux psychologiques sont enclins à penser que je surestime la part des facteurs sexuels dans l'étiologie et se tournent vers moi pour me demander comment il peut bien se faire que d'autres excitations psychiques ne provoquent pas aussi les phénomènes de refoulement et de formation substitutive que j'ai décrits. À cela je peux répondre : je ne sais pas pourquoi il n'en est pas ainsi, je ne m'y oppose d'ailleurs pas du tout, mais l'expérience montre qu'elles n'ont pas une telle importance, qu'elles soutiennent tout au plus l'effet des facteurs sexuels, sans pouvoir jamais les remplacer. Cet état de choses n'a pas été postulé par moi pour quelque
42 raison théorique; en 1895, dans les *Études sur l'hystérie* publiées avec le Dr Breuer, je n'avais pas encore ce point de vue; il m'a fallu m'y convertir lorsque nos expériences devinrent plus nombreuses et pénétrèrent plus profondément dans la question. Il se trouve ici parmi vous, Messieurs, quelques-uns de mes plus proches amis et partisans qui ont fait avec moi le voyage à Worcester. Posez-leur la question; ils vous diront tous qu'ils ont d'abord opposé une

a. *Erotik.*

incrédulité totale à l'affirmation de l'importance déterminante de l'étiologie sexuelle, jusqu'au moment où leurs propres efforts analytiques les ont contraints à souscrire à cette affirmation.

Le comportement des patients ne contribue pas précisément à persuader de la justesse de la thèse que nous discutons ici. Au lieu de nous apporter volontairement des informations sur leur vie sexuelle, ils cherchent à la dissimuler par tous les moyens. D'une façon générale, les êtres humains ne sont pas sincères en matière sexuelle. Ils ne montrent pas librement leur sexualité, mais portent un épais survêtement fait... d'un tissu de mensonges destiné à la cacher, comme s'il faisait mauvais temps dans le monde de la sexualité. Et ils n'ont pas tort; dans notre vie culturelle, le soleil et le vent ne sont réellement pas favorables à l'activité sexuelle; personne d'entre nous, à proprement parler, ne peut dévoiler sa vie érotique [a] librement aux autres. Mais une fois que vos patients ont remarqué qu'ils n'ont pas à se gêner pendant leur traitement, ils déposent cette enveloppe de mensonge et c'est alors seulement que vous serez en situation de vous former un jugement sur la question en discussion. Malheureusement, les médecins ne sont pas plus favorisés que d'autres

a. *Erotik.*

enfants des hommes dans leur rapport personnel avec les questions de la vie sexuelle, et beaucoup d'entre eux se trouvent sous l'emprise de cette association de la pruderie et de la concupiscence qui domine le comportement de la plupart des « gens civilisés » en matière de sexualité.

Permettez-moi à présent de continuer à vous entretenir de nos résultats. Dans une autre série
43 de cas, l'investigation psychanalytique ramène certes les symptômes non pas à des expériences sexuelles mais à des expériences traumatiques banales. Cependant, cette distinction devient insignifiante du fait d'une autre circonstance. Le travail analytique qui s'impose pour expliquer à fond un cas de maladie et conduire le malade au rétablissement définitif ne s'en tient en effet en aucun cas aux expériences vécues pendant la maladie, mais retourne dans tous les cas jusqu'à la puberté et à la prime enfance du malade, pour atteindre enfin les impressions et les événements qui ont déterminé ensuite l'entrée dans la maladie. Ce sont seulement les expériences de l'enfance qui donnent l'explication de la sensibilité à des traumatismes postérieurs, et c'est seulement par la mise à découvert et le devenir-conscient de ces traces mnésiques presque toujours oubliées, que nous acquérons le pouvoir d'éliminer les symptômes. Nous arrivons ici au même résultat que

dans l'investigation des rêves, à savoir que ce sont les motions de désir ineffaçables et refoulées de l'enfance qui ont prêté leur force à la formation du symptôme, sans laquelle la réaction à des traumatismes ultérieurs se serait déroulée normalement. Or ces puissantes motions de désir de l'enfance nous pouvons très généralement les qualifier de sexuelles.

À présent, je suis bien certain de porter votre étonnement à son comble. Y a-t-il donc une sexualité infantile? demanderez-vous. L'âge de l'enfance n'est-il pas plutôt la période de la vie qui se distingue par l'absence de la pulsion sexuelle? Non, Messieurs, il n'est sûrement pas vrai que la pulsion sexuelle entre dans les enfants à leur puberté, comme dans l'Évangile le démon entre dans les pourceaux [a]. L'enfant a dès le début ses pulsions et ses activités sexuelles, il les apporte au monde en naissant et d'elles procède, à travers une évolution importante, riche de plusieurs étapes, la sexualité dite normale de l'adulte. Il n'est même pas difficile d'observer les manifestations de cette activité sexuelle enfantine; il faut plutôt faire preuve d'une certaine ingéniosité pour ne pas voir cette activité ou l'interpréter de manière à n'en pas tenir compte.

a. Cf. Marc 5, Matt. 8, Luc 8.

44 Un destin favorable me place dans la situation d'invoquer à l'appui de mes déclarations un témoin qui vient de votre milieu. Ce que je vous montre est un travail du Dr Stanford Bell, qui a été imprimé en 1902 dans l'*American Journal of Psychology*. L'auteur est un *fellow* de Clark University, de l'Institut même dans l'enceinte duquel nous nous trouvons en ce moment. Dans ce travail intitulé « *A Preliminary Study of the Emotion of Love between the Sexes* », qui est paru trois ans avant mes *Drei Abhandlungen zur Sexualtheorie* [a], cet auteur s'exprime tout à fait comme je viens de le faire : « *The emotion of sex-love... does not make its appearance for the first time at the period of adolescence, as has been thought* [b]. » Comme nous dirions en Europe, Bell a travaillé dans le style américain; il n'a pas réuni moins de 2 500 observations positives pendant quinze ans, parmi lesquelles 800 ont été faites par lui-même. Concernant les signes dénotant la naissance de l'amour, il déclare : « *The unprejudiced mind in observing these manifestations in hundreds couples of children cannot escape referring them to sex origin. The most exacting mind is satisfied when to these observations are added the confessions of those*

a. *Trois essais sur la théorie sexuelle* [1905*d*].

b. « L'émotion de l'amour sexuel... n'apparaît pas pour la première fois pendant l'adolescence, comme on l'avait pensé. » J.S. Bell [1902].

who have as children experienced the emotion to a marked degreee of intensity and whose memories of childhood are relatively distinct [a]. » Mais ceux d'entre vous qui ne voudraient pas croire à la sexualité infantile seront particulièrement surpris d'apprendre que, parmi ces enfants précocement amoureux, il s'en trouve un bon nombre d'un âge fort tendre, qui n'ont pas plus de trois, quatre ou cinq ans.

Je ne serais pas surpris que vous ajoutiez foi à ces observations d'un de vos compatriotes et confrères plutôt qu'aux miennes. J'ai réussi moi-même il y a peu, à partir de l'analyse d'un garçon de cinq ans qui souffrait d'angoisse – analyse que son père a entreprise avec lui selon les règles de l'art [1] – à obtenir une image assez complète des manifestations 45
pulsionnelles somatiques et des productions psychiques qui apparaissent à une phase précoce de la vie amoureuse enfantine. Et je peux vous rappeler que mon ami le Dr C.G. Jung vous a lu dans cette même salle, il y a quelques heures, l'observation d'une petite fille encore moins âgée qui, dans les mêmes circonstances que mon patient – une nais-

1. « Analyse de la phobie d'un garçon de cinq ans » [1909*b*].

a. « En observant ces manifestations dans des centaines de paires d'enfants des deux sexes, l'esprit non prévenu ne peut éviter de les ramener à une origine sexuelle. L'esprit le plus exigeant est satisfait lorsque, à ces observations, s'ajoutent les confessions de ceux qui, enfants, ont fait l'expérience de cette émotion avec une certaine intensité et dont les souvenirs d'enfance sont relativement distincts. »

sance dans la famille –, a laissé deviner indubitablement presque les mêmes motions des sens, les mêmes formations de désir et de complexes [1910]. Je ne désespère donc pas de vous voir accepter l'idée d'abord déconcertante d'une sexualité infantile, et j'aimerais vous présenter aussi le louable exemple du psychiatre zurichois E. Bleuler, qui déclarait en public il y a encore peu d'années qu'« il n'éprouvait aucune compréhension pour les théories sexuelles » et qui depuis lors a pleinement confirmé la sexualité infantile par ses propres observations [1].

Que la plupart des individus, observateurs médecins ou autres personnes, ne veuillent pas entendre parler de la vie sexuelle de l'enfant, cela ne s'explique que trop bien. Ils ont oublié leur propre activité sexuelle infantile sous la pression de l'éducation qui les a conduits à la vie civilisée [a] et ne veulent plus dès lors entendre rappeler le refoulé. Ils aboutiraient à d'autres convictions s'ils commençaient l'examen [de cette question] par une autoanalyse, une révision et une interprétation de leurs souvenirs d'enfance.

Laissez là vos doutes et associez-vous à moi dans la prise en compte de la sexualité infantile à partir des toutes premières années [2]. La pulsion sexuelle

1. E. Bleuler [1908].
2. S. Freud [1905*d*].
a. *Kultur.*

de l'enfant se révèle hautement composite, elle peut être décomposée en nombre d'éléments, qui proviennent de différentes sources. Elle est avant tout encore indépendante de la fonction de la reproduction, au service de laquelle elle se mettra plus tard. 46
Elle sert à obtenir différentes sortes de sensations de plaisir que, nous fondant sur des analogies et des connexions, nous réunissons sous le nom de plaisir sexuel. La source principale [a] du plaisir sexuel infantile est l'excitation appropriée de certains endroits du corps, particulièrement stimulables; en dehors des organes génitaux, l'ouverture buccale, anale et urétrale, mais aussi la peau et les autres surfaces sensibles. Comme dans cette première phase de sa vie sexuelle l'enfant trouve sa satisfaction sur son propre corps et fait abstraction d'un objet étranger, nous appelons celle-ci, selon un mot forgé par Havelock Ellis, la phase de l'auto-érotisme. Nous nommons ces endroits, qui sont importants pour l'acquisition de plaisir sexuel, des zones érogènes. Le suçotement ou succion voluptueuse, qui s'observe chez les plus jeunes enfants, constitue un bon exemple d'une telle satisfaction auto-érotique à partir d'une zone érogène; le premier observateur scientifique de ce phénomène, un pédiatre de Budapest du nom

a. Ce passage, jusqu'à la fin de l'alinéa [« disposition homosexuelle »] avait été supprimé dans *La Revue de Genève*.

de Lindner, l'a déjà interprété correctement en tant que satisfaction sexuelle et a décrit dans tous les détails son passage à d'autres formes, plus élevées, d'activité sexuelle [1]. Une autre satisfaction sexuelle de cet âge de la vie est l'excitation masturbatoire des organes génitaux, qui conserve une si grande importance pour la vie qui suivra et que, d'une façon générale, beaucoup d'individus ne surmontent jamais complètement. À côté de ces activités auto-érotiques et d'autres encore, on voit se manifester très tôt chez l'enfant les composantes pulsionnelles du plaisir sexuel ou, comme nous aimons à dire, de la libido, qui présupposent qu'une personne étrangère est prise comme objet. Ces pulsions se manifestent en couples opposés, en tant que pulsions actives et passives; je nommerai ici, comme étant les représentants les plus importants de ce groupe : le plaisir de procurer des souffrances (sadisme), avec son antithèse passive (masochisme), ainsi que le plaisir actif de regarder ou passif d'être regardé, dont se détachera plus tard, pour le premier, la soif de savoir, pour le second, l'impulsion à l'exhibition artistique et théâtrale [a]. D'autres activités sexuelles de l'enfant tombent déjà sous le point de vue du
47 *choix d'objet,* dans lequel une personne étrangère

1. S. Lindner [1879].

a. *der Drang zur künstlerischen und schauspielerischen Schaustellung.*

devient l'essentiel et qui, à l'origine, est redevable de son importance au fait que l'individu prend en compte sa pulsion d'auto-conservation. Mais la différence des sexes ne joue encore aucun rôle déterminant dans cette période enfantine. Vous pouvez donc attribuer à chaque enfant, sans lui faire de tort, une part de disposition homosexuelle.

Cette vie sexuelle de l'enfant, disparate, riche de contenu, mais dissociée, où la pulsion isolée poursuit l'acquisition du plaisir indépendamment de chaque autre, est ensuite soumise à une unification et organisation qui ont lieu selon deux directions principales, de sorte qu'à la fin de la période de puberté le caractère sexuel définitif de l'individu est le plus souvent entièrement formé. D'une part, les pulsions isolées se subordonnent à la suprématie de la zone génitale, évolution par laquelle la vie sexuelle tout entière se met au service de la reproduction, et la satisfaction de ces pulsions ne conserve son importance que pour préparer et favoriser l'acte sexuel proprement dit. D'autre part, le choix d'objet repousse l'auto-érotisme, de sorte que, dans la vie amoureuse, toutes les composantes de la pulsion sexuelle demandent désormais à être satisfaites au contact de la personne aimée. Mais les composantes pulsionnelles originaires ne sont pas toutes admises à prendre part à cette constitution définitive de la vie sexuelle. Encore avant l'époque de la puberté,

des refoulements extrêmement énergiques de certaines pulsions ont été opérés sous l'influence de l'éducation, et des puissances psychiques telles que la pudeur, le dégoût, la moralité ont été constituées, qui entretiennent ces refoulements comme des gardes. Lorsque vient alors, à l'âge de la puberté, la marée haute du besoin sexuel, elle rencontre, dans les formations psychiques réactionnelles ou les résistances psychiques dont nous avons déjà parlé, des digues qui lui prescrivent de s'écouler dans les voies dites normales et lui rendent impossible de raviver les pulsions qui ont succombé au refoulement. Ce sont surtout les pulsions *coprophiles* [a], c'est-à-dire les motions de plaisir enfantines en rapport avec les
48 excréments, qui sont touchées le plus rigoureusement par le refoulement, et en outre la fixation aux personnes du choix d'objet primitif.

Une des thèses de la pathologie générale, Messieurs, affirme que tout processus de développement apporte avec lui les germes de la disposition pathologique, dans la mesure où il peut être inhibé, ajourné ou se dérouler incomplètement. Il en va de même du développement si compliqué de la fonction sexuelle. Celui-ci ne se fait pas tout uniment chez tous les individus et laisse ensuite derrière soi ou des anomalies ou des dispositions à tomber

a. Phrase supprimée dans *La Revue de Genève*.

malade plus tard par la voie de l'involution (régression). Il peut arriver que toutes les pulsions partielles ne se soumettent pas à la domination de la zone génitale; une telle pulsion restée indépendante produit alors ce que nous nommons une *perversion,* laquelle peut remplacer le but sexuel normal par son propre but. Comme nous l'avons déjà signalé, il arrive très fréquemment que l'auto-érotisme ne soit pas complètement surmonté, comme le prouvent les troubles très divers qui en découlent. Le fait que les deux sexes présentent à l'origine la même valeur comme objets sexuels peut persister, et il en résultera une tendance à l'activité homosexuelle dans la vie adulte, tendance qui, dans certaines circonstances, peut aller jusqu'à l'homosexualité exclusive. Cette série de perturbations correspond aux inhibitions directes subies par le développement de la fonction sexuelle; elle englobe les *perversions* et l'*infantilisme* général de la vie sexuelle, phénomène qui n'est pas rare du tout.

La disposition aux névroses doit être déduite d'une autre manière d'un dommage subi par le développement sexuel. Les névroses sont par rapport aux perversions comme le négatif par rapport au positif; on peut déceler en elles les mêmes composantes pulsionnelles, en tant qu'elles portent les complexes et façonnent les symptômes, que dans les perversions, mais ici elles agissent à partir de

l'inconscient; elles ont donc subi un refoulement, mais ont pu, en dépit de ce refoulement, s'affirmer dans l'inconscient. La psychanalyse nous permet de reconnaître qu'une expression surpuissante de ces pulsions conduit, en des temps très précoces, à une
49 sorte de *fixation* partielle, qui représente dès lors un point faible dans la structure de la fonction sexuelle. Si, dans la vie adulte, l'exercice de la fonction sexuelle normale se heurte à des obstacles, le refoulement qui a eu lieu pendant la période de développement sera battu en brèche aux endroits mêmes où ont eu lieu les fixations infantiles.

À présent, vous allez peut-être faire une objection : mais tout cela n'est pas de la sexualité? J'ai employé le mot en un sens bien plus étendu que celui où vous êtes habitués de l'entendre : je vous l'accorde sans difficulté. Mais la question est de savoir si ce n'est pas plutôt vous qui employez le mot en un sens bien trop étroit, lorsque vous le limitez au domaine de la reproduction. Vous vous privez ainsi de comprendre les perversions, vous sacrifiez la connexion entre perversion, névrose et vie sexuelle normale, et vous vous mettez hors d'état de connaître, dans leur véritable signification, les commencements aisément observables de la vie amoureuse somatique et psychique des enfants. Mais quoi que vous pensiez de l'usage du mot, soyez certains que le psychanalyste prend la sexualité dans le plein sens du terme, auquel nous sommes conduits en tenant compte de la sexualité infantile.

Revenons à présent au développement sexuel de l'enfant. Nous avons bien des choses à ajouter, des choses que nous avions laissées de côté parce que nous avons accordé notre attention plus aux expressions somatiques de la vie sexuelle qu'à ses expressions psychiques. Le choix d'objet primitif de l'enfant, qui découle de l'aide dont il a besoin, réclame encore une fois notre intérêt. Ce choix se tourne d'abord vers toutes les personnes qui prennent soin de lui, personnes qui reculent toutefois bientôt derrière les parents. Comme l'observation directe de l'enfant et l'examen analytique ultérieur de l'adulte le montrent de manière concordante, la relation des enfants à leurs parents n'est pas du tout exempte d'éléments concomitants d'excitation sexuelle. L'enfant prend les deux parties que constituent ses parents, et particulièrement l'une d'elles, comme objet de ses désirs érotiques. D'habitude, il suit lui-même en cela une incitation de ses parents, dont
la tendresse possède les caractères les plus nets d'une 50
activité sexuelle, même si elle reste inhibée dans ses buts. Le père favorise en général sa fille, la mère son fils; l'enfant réagit à cela en ce sens qu'il souhaite être, en tant que fils, à la place du père, en tant que fille, à la place de la mère. Les sentiments qui sont éveillés dans ces relations entre

parents et enfants, et les sentiments entre frères et sœurs qui s'étayent là-dessus, ne sont pas seulement de type positif, tendres, mais aussi négatifs et hostiles. Le complexe ainsi formé est destiné à être rapidement refoulé, mais il exerce encore, à partir de l'inconscient, un effet considérable et persistant. Nous pouvons exprimer l'hypothèse qu'il figure avec ses émissaires le *complexe nucléaire* de toute névrose et nous nous attendons à le rencontrer, non moins actif, dans d'autres domaines de la vie psychique. Le mythe du roi Œdipe, qui tue son père et prend pour femme sa mère, est une expression encore peu modifiée du désir infantile, auquel plus tard la barrière de l'inceste oppose son interdit. Le *Hamlet* de Shakespeare repose sur le même terrain du complexe de l'inceste, mais mieux dissimulé.

Vers le temps où l'enfant est dominé par le complexe nucléaire encore non refoulé, une part importante de son activité intellectuelle se met au service des intérêts sexuels. Il commence à chercher d'où viennent les enfants et, en exploitant les signes qui lui sont fournis, il devine des faits véritables plus de choses que les adultes ne peuvent le pressentir. C'est d'habitude la menace matérielle venue de la naissance d'un nouveau-né, où l'enfant ne voit d'abord qu'un concurrent, qui a éveillé son intérêt de chercheur. Sous l'influence des pulsions partielles qui sont à l'œuvre dans sa propre personne, il

parvient à un certain nombre de *« théories sexuelles infantiles »*; il attribue, par exemple, aux deux sexes le même organe génital masculin, imagine que les enfants sont conçus en mangeant et naissent par l'extrémité de l'intestin; il se fait du commerce 51
sexuel l'idée qu'il s'agit d'un acte hostile, d'une sorte de domination violente. Mais justement l'inachèvement de sa constitution sexuelle et les lacunes de ses connaissances dues au caractère caché du conduit sexuel féminin [a] obligent le chercheur infantile à mettre un terme à son travail, parce qu'il reste sans succès. Le fait même de cette recherche enfantine, de même que les différentes théories sexuelles qu'elle suscite, demeure d'une importance déterminante pour la formation du caractère de l'enfant et le contenu de sa maladie névrotique ultérieure.

Il est inévitable et tout à fait normal que l'enfant fasse de ses parents les objets de son premier choix d'amour. Mais sa libido ne doit pas rester fixée à ces premiers objets; elle doit seulement les prendre plus tard comme modèles et passer d'eux à des personnes étrangères, au moment du choix d'objet définitif. Le *détachement* de l'enfant par rapport à ses parents devient ainsi une tâche inéluctable, si la capacité du jeune individu à jouer un rôle social ne

a. *die Latenz des weiblichen Geschlechtskanals.*

doit pas être mise en danger. Pendant le temps où le refoulement opère une sélection parmi les pulsions partielles de la sexualité, et plus tard, lorsque l'influence des parents doit être assouplie, influence qui a fourni pour l'essentiel la dépense [d'énergie] nécessaire à ces refoulements, de grandes tâches incombent au travail pédagogique qui, à notre époque, ne sont certes pas toujours exécutées correctement, avec suffisamment de compréhension.

N'allez pas croire, Mesdames et Messieurs, que ces considérations sur la vie sexuelle et le développement psycho-sexuel de l'enfant nous ont éloignés de la psychanalyse et de notre tâche, qui est d'éliminer les troubles nerveux. Vous pouvez, si vous voulez, décrire le traitement psychanalytique comme n'étant rien d'autre que la poursuite de l'éducation avec le but de surmonter des restes d'enfance.

V

52

Mesdames, Messieurs,

En découvrant la sexualité infantile et en ramenant les symptômes névrotiques à des composantes pulsionnelles érotiques, nous sommes parvenus à quelques formulations inattendues concernant l'essence et les tendances des maladies névrotiques. Nous voyons que les êtres humains tombent malades lorsque, par suite d'obstacles extérieurs ou d'un défaut intérieur d'adaptation, la satisfaction de leurs besoins érotiques leur est refusée dans la *réalité.* Nous voyons qu'ils *se réfugient* alors *dans la maladie,* afin de trouver avec son aide une satisfaction substitutive pour ce qui leur est refusé. Nous constatons que les symptômes morbides contiennent une part de l'activité sexuelle de l'individu ou toute sa vie sexuelle, et nous découvrons que le fait de se tenir à l'écart de la réalité constitue la principale tendance de l'état de maladie mais aussi son principal dommage. Nous pressentons que la résistance de nos malades à leur rétablissement n'est pas une résistance simple, mais qu'elle se compose de plusieurs motifs. Ce n'est pas seulement le moi du malade qui se rebelle contre l'abandon des refoulements par lesquels il s'est soustrait à ses dispositions originelles; les pulsions sexuelles ne peuvent pas non plus renoncer à leur satisfaction substitutive tant qu'il n'est pas certain que la réalité leur offrira quelque chose de meilleur.

La fuite hors d'une réalité non satisfaisante dans ce que nous nommons maladie à cause de sa nocivité
53 biologique, mais qui n'est jamais sans un gain de plaisir indirect pour le malade, s'accomplit par la voie d'une involution *(régression),* du retour à des phases antérieures de la vie sexuelle, qui en leur temps n'ont pas été privées de satisfaction. Cette régression est apparemment double : *chronologique,* dans la mesure où la libido, le besoin érotique, retourne à des stades d'évolution antérieurs, et *formelle,* en ce sens que la manifestation de ce besoin utilise les moyens d'expression psychiques originaires et primitifs. On le voit, les deux modes de la régression s'orientent vers l'enfance et se rencontrent dans la constitution d'un état infantile de la vie sexuelle.

Plus vous pénétrez profondément dans la pathogenèse de la maladie nerveuse, plus se dévoilera à vos yeux la connexion des névroses avec les autres productions de la vie psychique humaine, même

avec les plus précieuses d'entre clles. Cela doit vous rappeler que nous autres hommes, avec les hautes exigences de notre culture, et sous la pression de nos refoulements intérieurs, nous trouvons très généralement la réalité non satisfaisante, raison pour laquelle nous entretenons une vie imaginaire [a] dans laquelle nous aimons à compenser les défauts de la réalité par des productions d'accomplissement de désir. Ces fantaisies contiennent une très grande part de ce qui fait proprement l'essence constitutionnelle de la personnalité et aussi de ses motions refoulées au bénéfice de la réalité. L'homme énergique, qui a du succès, est celui qui réussit par son travail à transformer en réalité ses fantaisies de désir. Là où cela ne réussit pas par suite des résistances du monde extérieur et de la faiblesse de l'individu, c'est l'éloignement de la réalité qui intervient : l'individu se retire dans son monde de fantaisie, plus satisfaisant, dont il transpose le contenu en symptômes lorsqu'il tombe malade. Dans certaines conditions favorables, il conserve encore la possibilité de trouver un autre chemin vers la réalité à partir de ces fantaisies, au lieu de se rendre durablement étranger à elles par régression dans l'infantile. Lorsque l'individu devenu ennemi de la réalité est en possession du *don artis-* 54
tique, qui reste une énigme pour nous du point de

a. *Phantasieleben.*

vue psychologique, il peut transposer ses fantaisies en créations artistiques en lieu et place de symptômes, échapper ainsi au destin de la névrose et récupérer par ce détour sa relation à la réalité [1]. Lorsque, dans le cadre d'une rébellion persistante contre le monde réel, ce précieux don manque ou se révèle insuffisant, il sera sans doute inévitable que la libido, conformément à l'origine des fantaisies, en arrive à la réanimation de désirs infantiles par la voie de la régression et aussi à la névrose. En notre temps, la névrose tient la place du couvent où se retiraient tous les individus que la vie avait déçus, ou qui se sentaient trop faibles pour la vie.

Permettez-moi, à cet endroit, de vous faire part du principal résultat auquel nous sommes parvenus par l'examen psychanalytique des nerveux : à savoir que les névroses n'ont pas de contenu psychique propre qu'on ne puisse aussi trouver chez l'individu sain, ou, pour reprendre la formule de C.G. Jung, qu'ils tombent malades des mêmes complexes que ceux avec lesquels nous autres bien-portants luttons aussi. Il dépend de rapports quantitatifs, des relations des forces en lutte les unes contre les autres, que le combat conduise à la santé, à la névrose ou à la réalisation supérieure compensatoire.

J'ai gardé pour la fin, Mesdames et Messieurs,

1. Cf. O. Rank [1907].

l'expérience la plus importante, celle qui confirme notre hypothèse des forces de pulsion sexuelles de la névrose. Chaque fois que nous traitons un nerveux par la psychanalyse, nous voyons apparaître chez lui le phénomène déconcertant que nous nommons *transfert,* c'est-à-dire qu'il adresse à son médecin nombre de motions tendres, très souvent mêlées à de l'hostilité, motions qui ne se fondent sur aucune relation réelle et qui, comme le montrent toutes les particularités de leur manifestation, doivent être déduites des anciens désirs nés de l'imagination [a] du patient et devenus inconscients. Cette partie de
la vie affective qu'il ne peut plus se rappeler, le 55
malade la revit donc dans son rapport avec son médecin, et c'est seulement par un tel revivre (dans le « transfert ») qu'il peut être persuadé de l'existence comme de la puissance de ces motions sexuelles inconscientes. Les symptômes qui, pour prendre une comparaison tirée de la chimie, sont des précipités d'expériences amoureuses antérieures (au sens le plus large) ne peuvent aussi être dissous et amenés à devenir d'autres produits psychiques que dans la température plus élevée de l'expérience du transfert. Selon une excellente expression de S. Ferenczi [1], le médecin joue dans cette réaction le rôle d'un *ferment*

1. S. Ferenczi [1909].
a. *Phantasiewünsche.*

catalytique, qui attire à lui pour un temps les affects libérés lors du processus. L'étude du transfert peut aussi vous donner la clé qui permet de comprendre la suggestion hypnotique dont nous nous étions servis au début comme d'un moyen technique pour l'investigation de l'inconscient de nos malades. À cette époque, l'hypnose se révéla être une aide thérapeutique, mais un obstacle à la connaissance scientifique de l'état de fait, en ce sens qu'elle évacuait les résistances psychiques d'un certain domaine pour les amonceler à ses frontières, au point d'en faire une muraille infranchissable. N'allez pas croire, cependant, que le phénomène du transfert, dont je ne peux malheureusement vous dire que peu de chose ici, est créé par l'influence de la psychanalyse. Le transfert se constitue spontanément dans toutes les relations humaines aussi bien que dans le rapport entre le médecin et son malade; il est partout le porteur proprement dit de l'influence thérapeutique et agit d'autant plus fortement qu'on soupçonne moins son existence. La psychanalyse ne le crée donc pas, elle le découvre seulement à la conscience et s'en empare pour diriger les processus psychiques selon
56 le but souhaité. Mais je ne peux abandonner le thème du transfert sans souligner que ce phénomène joue un rôle décisif non seulement pour convaincre le malade, mais aussi le médecin. Je

sais que tous mes partisans n'ont été convaincus de la justesse de mes affirmations concernant la pathogenèse des névroses qu'à la suite des expériences qu'ils ont faites avec le transfert, et je comprends fort bien qu'on ne puisse acquérir une pareille certitude aussi longtemps qu'on n'a pas fait soi-même de psychanalyses, aussi longtemps donc qu'on n'a pas observé soi-même les effets du transfert.

À mon avis, Mesdames et Messieurs, si nous nous plaçons du côté de l'intellect, on doit surtout considérer deux obstacles à la reconnaissance du mode de pensée psychanalytique. Premièrement, nous n'avons pas l'habitude de compter avec un déterminisme rigoureux de la vie psychique, un déterminisme qui ne tolère aucune exception; et secondement, nous ne connaissons pas les particularités par lesquelles des processus psychiques inconscients se distinguent de ceux qui nous sont familiers. Une des résistances les plus répandues à l'encontre du travail psychanalytique – chez les malades comme chez les bien-portants – se ramène au dernier de ces facteurs. On craint de nuire au moyen de la psychanalyse, on a peur d'appeler à la conscience du malade ses pulsions sexuelles refoulées, comme si se liait à cela le danger qu'elles puissent ensuite surmonter chez lui les aspirations éthiques supérieures et le dépouiller de ses acqui-

sitions culturelles [a]. On observe que la vie psychique du malade présente des blessures à vif, mais on ne se risque pas à y toucher, pour ne pas augmenter encore la souffrance. Nous pouvons admettre cette analogie. On témoigne, certes, de plus de ménagement à ne pas toucher des blessures à vif, si, en le faisant, on ne sait provoquer que de la souffrance. Mais vous n'ignorez pas que le chirurgien ne se laisse pas détourner de l'examen et du traitement du foyer de la maladie, lorsqu'il envisage une intervention qui doit apporter une guérison durable. Personne ne songe plus à mettre à sa charge les
57 désagréments inévitables de l'examen ou les effets réactionnels de l'opération, pourvu que celle-ci atteigne son but et que le malade, à travers une aggravation temporaire de son état, parvienne à un rétablissement définitif. Il en va à peu près de même pour la psychanalyse; elle a le droit d'élever les mêmes prétentions que la chirurgie; le surcroît de souffrance qu'elle cause au malade durant le traitement est sans comparaison moindre, avec une bonne technique, que ce que le chirurgien lui impose; elle est franchement négligeable à côté de la gravité de la souffrance sous-jacente. Mais l'issue redoutée – la destruction du caractère culturel [du malade]

a. Ce dernier membre de phrase a été omis dans les *Gesammelte Werke*.

par les pulsions libérées du refoulement – est tout à fait impossible, car une telle appréhension ne prend pas en considération ce que nos expériences nous ont appris d'une manière certaine, à savoir que la puissance psychique et somatique d'une motion de désir est incomparablement plus forte, quand son refoulement a échoué, quand elle est inconsciente, de sorte que la rendre consciente ne peut que l'affaiblir. Le désir inconscient n'est pas susceptible d'être influencé, est indépendant de toutes les tendances qui s'opposent à lui, alors que le désir conscient est inhibé par tout ce qui est également conscient et s'oppose à lui. Le travail psychanalytique se met donc justement au service des tendances culturelles les plus hautes et les plus précieuses, en tant qu'il est un substitut qui remplace en mieux le refoulement resté sans succès.

Quels sont, en somme, les destins des désirs inconscients libérés par la psychanalyse? Par quelles voies sommes-nous en mesure de les rendre inoffensifs pour la vie de l'individu? Il existe plusieurs de ces voies. Le résultat le plus fréquent est que, déjà au cours du travail, ces désirs sont consumés par l'activité psychique correcte des motions meilleures qui leur sont opposées. Le *refoulement* est remplacé par une *condamnation* exécutée par les moyens les plus adéquats. Cela est possible, parce
que, dans beaucoup de cas, il nous suffit d'écarter 58

des conséquences venues de stades antérieurs du développement du moi. À cette époque, l'individu ne réussit à refouler que la pulsion inutilisable, parce qu'il était alors lui-même encore incomplètement organisé et faible; dans sa maturité et sa force actuelles il est peut-être capable de dominer parfaitement ce qui lui est hostile. Le travail psychanalytique a un second résultat, à savoir que les pulsions inconscientes qui ont été découvertes peuvent à présent être amenées à l'application adéquate qu'elles auraient déjà dû trouver auparavant, s'il y avait eu un développement non perturbé. L'extirpation des motions de désir infantiles n'est en effet en aucun cas le but idéal du développement. Par ses répressions, le névrosé a sacrifié beaucoup de sources d'énergie psychique, sources dont les apports auraient été très précieux pour la formation de son caractère et son activité dans la vie. Nous connaissons un processus de développement bien plus adéquat, appelé *sublimation,* par lequel l'énergie des motions de désir infantiles n'est pas coupée [de sa source] mais demeure utilisable, en ce sens qu'un but plus élevé, qui peut ne plus être sexuel, est assigné aux différentes motions, en lieu et place du but inutilisable. Ce sont précisément les composantes de la pulsion sexuelle qui se distinguent surtout par leur capacité de sublimation, leur aptitude à échanger leur but sexuel contre un but plus lointain, socialement plus précieux. C'est aux quantums d'énergie gagnés de cette manière à nos réalisations que nous devons vraisemblablement nos plus hautes réussites culturelles. Un refoulement prématuré exclut la sublimation de la pulsion refoulée ; après la suppression du refoulement la voie de la sublimation est de nouveau libre.

Nous ne devons pas omettre de prendre aussi en considération le troisième des résultats possibles du travail psychanalytique. Une certaine partie des motions libidinales refoulées a le droit de recevoir une satisfaction directe et doit trouver cette satisfaction dans la vie. Nos exigences culturelles rendent la vie trop difficile à la plupart des organisations
humaines, favorisent par là l'éloignement par rap- 59
port à la réalité aussi bien que la naissance des névroses, sans donner lieu à un surcroît de bénéfice culturel à travers cet excès de refoulement sexuel. Nous ne devons pas pousser l'exagération au point de négliger complètement l'animalité originelle de notre nature, nous n'avons pas non plus le droit d'oublier que la satisfaction et le bonheur de l'individu ne peuvent pas être rayés des buts de notre culture. La plasticité des composantes sexuelles, qui se manifeste dans leur aptitude à être sublimées, peut en effet offrir la grande tentation de viser des effets de culture accrus au moyen d'une sublimation toujours plus poussée. Mais, de même qu'avec nos

machines nous n'espérons pas convertir en travail mécanique utile plus qu'une certaine fraction de la chaleur qu'elles consomment, nous ne devrions pas nous efforcer de rendre la pulsion sexuelle étrangère à ses fins propres dans toute l'ampleur de son énergie. Cela ne peut pas réussir, et si la limitation de la sexualité doit être poussée trop loin, elle doit nécessairement apporter avec elle tous les dommages d'une exploitation spoliatrice.

Je ne sais si, de votre côté, vous ne considérerez pas comme une exagération l'avertissement par lequel je vais terminer. Je ne me risquerai à vous donner qu'une image indirecte de ma conviction, en vous parlant d'un vieux fabliau dont je vous laisserai faire votre profit. La littérature allemande connaît une petite ville du nom de Schilda, dont les habitants s'enorgueillissent de moult tours ingénieux. Les bourgeois de Schilda, raconte l'histoire, possédaient un cheval dont les prouesses les réjouissaient grandement, auquel ils n'avaient qu'un reproche à faire : il consommait trop de coûteuse avoine. Ils décidèrent de le déshabituer en douceur de ce vice, en diminuant quotidiennement sa ration de quelques poignées, jusqu'à ce qu'ils l'aient accoutumé à une abstinence totale. Tout alla bien pendant un certain temps; le cheval était si bien déshabitué qu'il ne mangeait plus qu'une poignée d'avoine par jour; le lendemain il devait enfin travailler sans rien recevoir du tout. Le matin de ce jour, le perfide animal fut trouvé mort. Les bourgeois de Schilda ne parvinrent pas à comprendre de quoi.

Nous sommes tentés de penser que le cheval est mort de faim et que sans une certaine ration d'avoine, on ne peut attendre aucun travail d'aucun animal.

Je vous remercie de votre invitation et de l'attention que vous m'avez prêtée.

APPENDICE

Dans La Revue de Genève, *où* Sur la psychanalyse *paraît pour la première fois en français (1920-1921, voir Note liminaire), Édouard Claparède (1873-1940), professeur de psychologie expérimentale à Genève, avait introduit les conférences de Freud par une longue préface dont nous reproduisons de larges extraits. Elle conserve, à tout le moins, un intérêt historique. Elle constitue, nous semble-t-il, un bon exemple de la manière dont le public francophone apparemment le plus ouvert aux idées nouvelles se situait par rapport à la psychanalyse.*

L'exposé de Claparède valut à son auteur une lettre de Freud, où celui-ci lui faisait le grief de ne pas avoir rendu compte correctement de la notion psychanalytique de libido. *En négligeant la distinction fondamentale entre « pulsions du moi »* (Ichtriebe) *et « pulsions sexuelles »* (Sexualtriebe), *distinction qui, à elle seule, permet de récuser l'assimilation de la psychanalyse à un pansexualisme.*

Dans l'édition en volume de Sur la psychanalyse, *Claparède joignit à son « Introduction » une « Note additionnelle » qui reproduit en partie la lettre de Freud et où Claparède répond aux objections qui lui sont faites. Nous reproduisons intégralement cette « Note additionnelle ».*

INTRODUCTION

Freud – il n'est pas de savant qui, aujourd'hui, soit plus diversement apprécié. Pour ceux-ci, un pauvre détraqué, dont les « élucubrations » n'ont aucune valeur scientifique. Pour ceux-là, un des plus grands noms de la science contemporaine, la révolution qu'il apporte dans les disciplines de l'esprit n'étant égalée que par celle que Darwin a accomplie dans la biologie : on dira un jour « la psychologie *avant* et *après* Freud ». D'autres encore émettent des jugements mitigés. On le compare à Gall, le célèbre protagoniste de la phrénologie, pour laquelle on s'emballait il y a un siècle comme on se passionne aujourd'hui pour la psychanalyse; Gall, observateur de génie, mais dont le sens critique n'était pas à la hauteur des intuitions profondes. Ou encore on l'assimile à Lombroso, dont les idées discutables, ou même tout à fait erronées, ont cependant ouvert des horizons nouveaux, et engendré dans une foule de domaines des progrès considérables.

Depuis quelques années, son nom a dépassé les frontières des milieux médicaux et scientifiques. Mais, dans cette marche à la popularité, ses idées ont été le plus souvent dénaturées à tel point qu'il n'en est plus parvenu au grand public qu'une grotesque caricature. Preuve en soit l'article-charge qu'un maître, pourtant, de la biologie française, le zoologiste Yves Delage, n'a pas craint de consacrer à la psychanalyse, dans le *Mercure de France* du 1er septembre 1916.

Assurément, il est fort tentant, pour peu qu'on ait le sens du comique, de tourner en ridicule Freud et ses adeptes, en poussant à l'extrême leurs méthodes et leurs théories. Peut-être même, dans certains cas, ce persiflage est-il justifié. Il n'en reste pas moins qu'il s'agit là de plaisanteries trop faciles pour être vraiment spirituelles, et je crois qu'il est plus profitable de rechercher, en dehors de tout parti pris, ce qu'il peut y avoir de juste et de fécond dans ces conceptions nouvelles, si hasardées nous paraissent-elles, et si fantaisistes que puissent être certaines d'entre elles. Car chacun sait que même des erreurs peuvent être fécondes. Toute l'histoire des sciences nous l'apprend.

Il convient en effet de ne pas oublier que les faits dont la psychanalyse a courageusement tenté de rendre compte – les symptômes hystériques, les phobies et les obsessions, les extravagances des rêves, les oublis, les tics, les calembours, la tendance au mensonge ou la kleptomanie, les extases des mystiques et les rites des francs-maçons, et cent autres bizarreries de la vie normale ou morbide – ces faits étaient jusqu'ici entièrement inexpliqués. Pourquoi cette honnête mère de famille, qui aime profondément ses enfants, est-elle jour et nuit poursuivie par la crainte obsédante de les empoisonner? D'où vient la tendance de cet incendiaire à mettre le feu aux meules de foin qu'il trouve sur son chemin? Que signifient les légendes? Pour quelle cause cet écolier manifeste-t-il une haine irraisonnée pour son maître ou pour l'un de ses camarades? Pourquoi ce jeune homme fuit-il les femmes? – Feuilletez tous les traités de psychologie du monde, vous n'y trouverez aucun élément vous permettant de répondre à des questions de ce genre. Et cependant, ce sont justement des faits de cette catégorie qui intéressent la pratique de la vie, dont ont journellement à s'occuper les éducateurs, les médecins, les criminalistes, les historiens. Mais ces faits innombrables, pour la psychologie courante, ne constituent qu'un amas chaotique et obscur.

Dans ce maquis touffu, Freud a percé quelques allées directrices et taillé quelques ouvertures grâce auxquelles l'explorateur désorienté y voit un peu plus clair. Ces faits si disparates, il en a proposé une théorie qui les embrasse tous. Vraie ou fausse, cette théorie générale a au moins l'avantage, et ce n'est pas rien, de les relier entre eux, de les coordonner, de les rapprocher tout en marquant ce qui les distingue, de leur assigner à chacun un déterminisme précis, de les faire dériver tous de quelques principes généraux, auxquels a conduit l'observation elle-même. Or, en science, une hypothèse, même si elle est loin d'être définitivement démontrée – et y a-t-il une théorie qui puisse se flatter de l'être? – est légitime si elle rend mieux compte que les précédentes des phénomènes qui l'ont suscitée. Elle a légitimement le droit de régner jusqu'à ce qu'une théorie meilleure la détrône.

Que la théorie psychanalytique constitue une hypothèse qui mérite d'être prise en considération, c'est le moins qu'on puisse dire d'elle. Et les phénomènes dont elle s'occupe sont d'une telle importance, elle étend son empire sur tant de domaines qui intéressent l'humanité, qu'il n'est pas admissible aujourd'hui que le public cultivé nourrisse à son endroit des préventions ridicules, attitude vraiment trop naïve en face de l'édifice imposant que constitue aujourd'hui la somme des travaux de l'école nouvelle.

Mais il est indéniable qu'au premier abord, les théories freudiennes prêtent à rire. Les explications proposées ont souvent l'air diablement « tirées par les cheveux », et l'on se prend, en les lisant, à dire « aïe! », comme à l'ouïe d'un trop mauvais calembour. De plus, elles font un appel constant aux vicissitudes de l'instinct sexuel, et souvent paraissent répugnantes, – à tel point qu'une revue allemande de philosophie catholique, qui pourtant a coutume de châtier ses expressions, allait récemment jusqu'à qualifier la psychanalyse de *Klosetpsychologie*! – Si l'on ajoute que la doctrine freudienne, née et grandie au contact de l'observation, a subi une évolution constante, qui l'a, sinon transformée, du moins renouvelée au fur et à mesure que s'enrichissait l'expérience du maître, si l'on songe qu'elle recourt à une foule de néologismes, de concepts nouveaux et souvent mal définis, on comprendra aisément que l'œuvre de Freud n'ait pas été l'objet d'une étude attentive, surtout dans les pays de langue française.

Deux ou trois ans avant la guerre, comme je rendais visite au Dr Freud, celui-ci me montra un rayon de sa bibliothèque où s'alignaient ses principales œuvres dans les langues les plus diverses, anglaise, hollandaise, russe, polonaise, hongroise, italienne...

– Pas une seule traduction française! remarqua-t-il.

Et il semblait en être d'autant plus étonné qu'il n'a jamais caché l'influence qu'avaient eue sur l'éclosion de ses théories, et son stage à la Salpêtrière, chez Charcot, et les premiers travaux de Pierre Janet sur l'automatisme psychologique. Il s'était figuré que l'esprit latin, si souple, serait plus apte à saisir les finesses de la vie mentale et les sous-entendus du subconscient, et lui accorderait, sinon le suffrage, tout au moins l'attention que ses compatriotes lui refusaient de la façon la moins courtoise. Ses premières communications dans les sociétés médicales de Vienne, il y a vingt ou vingt-cinq ans, avaient été en effet accueillies avec un silence glacial, et peu à peu, le vide s'était fait autour de sa personne, à tel point qu'il se comparait lui-même à Robinson dans son île.

Mais, chose inattendue, les Français ont été les tout derniers à s'intéresser à son œuvre. La première fois qu'ils en entendirent parler, ils en firent des gorges chaudes. Même M. Janet ne paraît pas avoir saisi ce qu'elle a de spécifiquement original et de fécond. La psychologie française semble répugner à la conception dynamique de l'activité mentale, qui s'est répandue avec profit dans d'autres pays, et qui est l'une des caractéristiques de la psychologie freudienne. Serait-ce qu'elle subit encore l'influence de Condillac et des idéologues, et de Taine, leur admirateur, qui, de peur d'ouvrir la porte à quelque entité métaphysique, décrivaient les choses de l'esprit plutôt qu'ils ne les expliquaient, et fermaient les yeux aux preuves de son activité propre? – Quoi qu'il en soit, ce n'est que tout récemment que quelques rares neurologues ou psychiatres ont commencé à emboîter le pas et à rendre au médecin viennois la justice qui lui est due. Le premier, resté longtemps le seul, est le Dr Morichau-Beauchant, de Poitiers; puis vinrent les Drs Régis et Hesnard, et maintenant ce sont les Drs Dupré et Trepsat qui n'hésitent pas à se compromettre... N'oublions pas d'ajouter à ces noms celui du vieux psychologue Ribot qui, à la fin de sa vie, montrant en cela bien plus de fraîcheur et de liberté d'esprit que maints de ses disciples, a parfaitement distingué tout l'intérêt de la doctrine nouvelle. Ce n'est cependant pas un psychologue de carrière, mais un littérateur, il est vrai fort bon psychologue à ses heures, M. Paul Bourget, qui, en France, me semble avoir le mieux aperçu le génie du novateur viennois; dans son roman *Némésis (1918),* il l'appelle « un des plus originaux parmi les psychiatres modernes », et salue sa « doctrine profonde », qu'il résume en quelques lignes pittoresques : « Notre âme ressemble à ces archipels où des îlots émergent à la surface des vagues, sommets visibles d'invisibles soubassements, de tout un relief sous-marin qui seul expliquerait ces rochers, ces terres, leur distribution, la nature de leur sol. Nos pensées, nos sentiments, nos volontés, reposent de même sur toute une substruction psychique dont les assises nous restent cachées, à nous et aux autres. »

Genève, il faut le dire, avait fait exception, dans les pays de la langue française, à ce mouvement général d'ostracisme ou d'indifférence. À peine parus, les premiers travaux de Freud étaient cités et commentés par M. Flournoy, dont la perspicacité avait vite saisi la valeur, et dont les idées, d'ailleurs, se rencontraient sur plus d'un point avec celles de l'illustre auteur autrichien, ainsi qu'on peut s'en persuader en parcourant *Des Indes à la Planète Mars,* publié au début de 1900, alors que la *Traumdeutung* n'apparaissait que dans le courant de la même année. – Dans la suite, la psychanalyse a trouvé chez nous des défenseurs en la personne de MM. P. Bovet, G. Berguer, F. Morel, Ch. Baudouin, H. Flournoy, R. de Saussure, pour ne parler que des auteurs de livres ou de travaux relatifs à cette question. Il faudrait ajouter à cette liste le Dr Maeder qui, bien que Genevois, est un des représentants distingués de l'« École de Zurich », groupe de psychanalystes qui, depuis une douzaine d'années, sous le patronage des Drs Bleuler et Jung, cultivent la psychanalyse d'une façon indépendante, et la développent dans des directions un peu différentes de celle suivie par Freud lui-même. [...]

Claparède passe ensuite en revue ce qu'il nomme « les grandes idées de la psychanalyse ». Il distingue : le refoulement, l'action des éléments refoulés, le déguisement, le rêve, la compensation de la réalité, la pensée symbolique, le refuge dans la maladie. Tous ces points portent un numéro; le huitième a trait à la libido et sera l'objet de la critique de Freud. Nous le reproduisons en entier, avant de donner la conclusion de toute l'étude.

8. *La libido* : L'instinct sexuel participe à la plupart des manifestations de l'activité psychique. – Voilà, sous sa forme la plus simple, la doctrine fameuse du « pansexualisme », qui a provoqué le grand scandale. Celui-ci eût sans doute été moins vif si l'on n'avait moins souvent ignoré que, pour Freud, la notion de libido dépasse de beaucoup celle de sexualité. J'accorde volontiers que Freud et ses disciples n'ont guère été bien clairs à ce propos; mais il faut savoir lire entre les lignes, et saisir l'esprit, et non la lettre de la théorie. *Libido,* cela signifie le plus souvent le désir impétueux – dont, il est vrai, le désir sexuel est, selon Freud, le type et le premier représentant, dans l'évolution de l'individu –; c'est ce désir de bonheur, ou de jouissance, cet intérêt pour tout ce qui est de nature à satisfaire nos besoins, que personne ne niera être le principe même de toute notre activité. « Car tous les hommes désirent être heureux, a dit Pascal. Quelques différents moyens qu'ils y emploient, ils tendent tous à ce but. C'est le motif de toutes les actions de tous les hommes, jusqu'à ceux qui se tuent et qui se pendent... Tout ce qui est au monde est concupiscence de la chair, ou concupiscence des yeux, ou orgueil de la vie : *libido sentiendi, libido sciendi, libido dominandi.* » – Chacun sait d'ailleurs que les moralistes chrétiens ont toujours rapproché les divers modes de la sensualité, et

regardé la sensualité génitale comme le type de toute luxure. Sans s'en douter, Freud ne fait, ici, que répéter saint Augustin.

Mais il est vrai que, à côté de cette doctrine générale, Freud a échafaudé sur l'évolution et le rôle de l'instinct sexuel toute une série d'hypothèses qui sont discutables et discutées. Je n'ai pas à les examiner ici. Je tiens seulement à faire remarquer que – exception faite de certaines règles de conduite que l'école de Vienne a cru pouvoir en déduire, et auxquelles je suis loin de souscrire – la théorie en elle-même n'a rien de scandaleux. L'adjectif scandaleux ne saurait s'appliquer à une théorie scientifique qui est une interprétation sincère de faits loyalement recueillis. La seule question qui se pose est celle de savoir si cette théorie est vraie ou fausse, est probable ou improbable, ou encore dans quelle mesure elle est juste, si on a des raisons pour ne pas l'adopter intégralement.

Nous devons noter que si Freud a donné aux tendances sexuelles un rôle de premier plan parmi celles qui forment la trame de notre sous-conscience – ce qui s'explique très bien par le processus du refoulement, car ce sont évidemment les tendances de cette nature qui viennent se heurter à la censure – l'importance de ces tendances dans la genèse des névroses a été reconnue par la plupart des médecins, et leur influence dans la vie de tous les jours est un fait quasi évident. [...]

Mais en voilà assez, je crois, pour montrer que la psychanalyse n'est pas une construction en l'air, fantaisie baroque engendrée de toutes pièces par l'imagination luxuriante – ou luxurieuse – d'un homme. Non pas. Elle pose au contraire sur une multitude de faits qui, pour avoir été complètement négligés par les psychologues, ont été cependant presque tous plus ou moins distinctement aperçus. Le génie de Freud, c'est d'avoir glané tous ces faits, que la psychologie dédaignait, d'en avoir saisi la valeur, d'en avoir fait une gerbe imposante.

La psychanalyse n'a d'ailleurs pas la prétention – Freud insiste là-dessus – d'être une théorie complète de l'activité mentale. Elle ne s'oppose pas à la psychologie courante, mais, fille émancipée, elle a vécu jusqu'ici une vie indépendante, s'est forgé un langage à elle, et ne s'est pas fait faute de mépriser sa mère naturelle, qui du reste le lui a bien rendu. Le moment serait venu de rétablir les liens familiaux qui doivent les unir, de réintégrer la psychanalyse dans le foyer maternel qu'elle enrichira et revivifiera.

Sans doute pourrait-on reprocher aux psychanalystes d'affecter trop souvent une attitude sectaire et dogmatique, qui n'a rien de scientifique; il leur arrive de confondre les hypothèses avec les faits, d'ignorer le doute méthodique, et ils s'imaginent volontiers qu'une théorie est un credo. Aussi les voit-on en proie aux querelles intestines, divisés en petites chapelles ennemies entre elles, et hermétiquement closes aux profanes, qu'ils abordent avec un air semi-mystérieux de supériorité satisfaite, comme s'ils étaient les hiérophantes de quelque doctrine ésotérique. – Mais ce sont là faiblesses humaines, et les infirmités ou les étroitesses des disciples ne sauraient entrer en ligne de compte dans l'appréciation objective de la théorie, ni par conséquent en amoindrir la valeur.

Et cette valeur est grande. En insistant sur le côté dynamique des phénomènes subconscients la psychanalyse est pour la psychologie un ferment vivifiant. La psychologie expérimentale, qui s'est appliquée à nous renseigner sur le mécanisme des processus mentaux, a presque complètement oublié de sonder les raisons des mouvements de ces mécanismes. Ce sont ces ressorts cachés que la psychanalyse a cherché à découvrir et à décrire.

Par la nouveauté des idées qu'elle nous suggère, par la fécondité dont elle a fait preuve, l'œuvre de Sigmund Freud constitue l'un des événements les plus importants qu'ait jamais eu à enregistrer l'histoire de la science de l'esprit.

Édouard Claparède

Genève, 30 novembre 1920.

NOTE ADDITIONNELLE SUR LA LIBIDO

L'introduction que j'ai écrite pour ce volume – elle a d'abord paru dans *La Revue de Genève* de décembre 1920 – contient un passage que M. le prof. Freud considère comme ne rendant pas exactement sa manière de voir. C'est celui qui concerne la libido (v. plus haut, p. [130]). J'ai, à son gré, trop désexualisé ce processus, et je n'ai pas assez tenu compte de la distinction qu'il fait entre les tendances sexuelles *(Sexualtriebe)* et les tendances personnelles *(Ichtriebe)* en déclarant que « l'instinct sexuel est le mobile fondamental de toutes les manifestations de l'activité psychique ».

Dans cette édition j'ai modifié légèrement cette dernière formule en écrivant : « l'instinct sexuel participe à la plupart des manifestations psychiques ». Mais je crains que cette correction ne satisfasse pas entièrement mon illustre collègue de Vienne, et je préfère reproduire ici un fragment de sa lettre, d'autant plus qu'il s'agit d'une question capitale, selon lui, et au sujet de laquelle sa pensée est souvent incomprise :

« ... Sur un point – si vous voulez me permettre cette critique – vous me faites tort, et vous donnez au lecteur une information inexacte. C'est dans le passage suivant : 8. La libido. L'instinct sexuel est le mobile fondamental de toutes les manifestations de l'activité psychique. *Et vous ajoutez un peu plus loin que ni moi ni mes disciples n'avons jamais été bien clairs à ce sujet :* " Mais il faut savoir lire entre les lignes, *dites-vous,* et saisir l'esprit et non la lettre de la théorie. " *Je suis surpris que ce malentendu habituel ait pu se glisser aussi sous votre plume. J'ai, bien au contraire, répété et déclaré aussi clairement que possible, à propos des névroses par transfert* (Uebertragungsneurosen), *que j'établissais la distinction des* Sexualtriebe *et des* Ichtriebe, *et que pour moi, libido ne signifie que l'énergie des premiers, des* Sexualtriebe. *C'est Jung, et non pas moi, qui fait de la libido l'équivalent de la poussée instinctive de* toutes *les facultés psychiques et qui combat la nature sexuelle de la libido. Votre exposé ne cadre ni avec ma conception, ni avec celle de Jung, mais constitue un mélange des deux.*

» À moi vous empruntez la nature sexuelle de la libido, à Jung sa signification générale. Et ainsi se trouve créé, dans la fantaisie des critiques, un pansexualisme qui n'existe ni chez moi, ni chez Jung.

» En ce qui me concerne, je reconnais entièrement l'existence du groupe des Ichtriebe, *ainsi que tout ce dont la vie mentale lui est redevable. Mais ceci reste ignoré du grand public; on le lui tient caché. On se comporte souvent de la même façon quant à la façon*

d'exprimer ma théorie des rêves. Je n'ai jamais prétendu que tout rêve exprimait la réalisation d'un désir sexuel, *et souvent j'ai affirmé le contraire. Mais cela ne sert à rien, et on répète toujours la même chose.*

» Avec mon cordial merci et mes dévouées salutations, votre

FREUD. »

Tout en exprimant à M. le prof. Freud mes plus vifs regrets pour lui avoir, bien involontairement « fait tort », en désexualisant trop sa conception de la libido, et sans vouloir entrer ici dans une discussion de ses théories, je demande cependant à plaider les circonstances atténuantes. D'abord, dans l'esquisse très rapide que j'ai donnée des principales conceptions psychanalytiques, il ne pouvait être question d'entrer dans les détails; cela était d'autant moins nécessaire que le texte même de M. Freud, qui la suit, permet au lecteur de prendre connaissance des formules mêmes du père de la Psychanalyse.

Mais, il est à peine besoin de le dire, mon texte avait l'ambition, sinon de reproduire la conception même de Freud dans ses subtiles nuances, ce qui était, je le répète, impossible et inutile – du moins de donner une conception de la libido qui, tout en étant dictée par l'idée que je me fais moi-même de ce phénomène, s'harmonisât, dans ses grandes lignes, avec celle de Freud. Je me flattais de m'être placé à un point de vue qui rétablissait l'entente entre la doctrine originale et l'interprétation psychologique que j'en ai toujours donnée – et qui, je crois pouvoir le dire, n'est pas étrangère à celle que Jung a développée de son côté (voir *Jahrbuch f. Psychoanal.*, vol. V, p. 337).

Je croyais que mon éminent collègue de Vienne acceptait plus ou moins tacitement cette manière de voir, ainsi que certain passage de ses œuvres semblait le laisser entendre (voir *Jahrb. f. Ps.*, vol. III, p. 65, où Freud identifie plus ou moins la libido et l'intérêt). Je le croyais d'autant plus qu'il ne m'est possible de comprendre la théorie de la libido qu'en l'interprétant comme je l'ai fait.

Il paraît que je me suis lourdement trompé, en me figurant – bien naïvement, je le vois – l'avoir saisie en « lisant entre les lignes ». Le malheur est que, si j'en reste à la lettre même des textes, je n'y suis plus du tout. Qu'est-ce alors que la libido de Freud? Ce n'est ni la poussée sexuelle, au sens courant, puisqu'il nous dit et nous répète que, pour lui, l'instinct sexuel dépasse l'instinct de la reproduction, que le *sexuel* n'est pas nécessairement lié au *génital*. Et ce n'est pas davantage la volupté associée à toute satisfaction organique, puisqu'il proteste contre mon texte, qui exprime cette manière de voir, en déclarant que la libido est toujours de nature sexuelle.

La libido, ce serait un processus sexuel, mais non génital. Mais qu'est-ce que cela peut bien vouloir dire? Qu'est-ce qu'un processus qui reste sexuel sans avoir plus rien à faire avec l'instinct de reproduction? Pourquoi alors le baptiser *sexuel*? Parce qu'il se rapporte aux relations entre les sexes? Mais Freud considère comme *sexuel non génital* le plaisir infantile que le bébé tire de son propre corps (v. plus haut, p. [95]), c'est-à-dire, justement, un plaisir qui ne dérive d'aucun rapport entre les sexes. Si, nonobstant, on désigne ce phénomène du nom de sexuel, ce ne peut être que parce qu'il intéresse le système de reproduction, qui est, chez l'individu, la caractéristique du sexe. Le sexuel ne peut évidemment se définir que par son appartenance, organique ou fonctionnelle, au système de reproduction. Et je ne vois pas d'autre définition possible. Enlever ce critère à la notion de sexuel, c'est ne plus savoir ce que parler veut dire.

Les phénomènes psychophysiologiques ne portant pas de petites étiquettes qui nous renseignent sur leur nature, sur la classe à laquelle ils appartiennent, celle-ci ne peut être déterminée que de deux façons : 1. par la nature de l'organe d'où est partie *l'excitation*; 2. par la nature de l'organe qui est le siège de la *réaction*. Un processus ne peut donc être dit sexuel que s'il emprunte, au départ ou à l'arrivée, un organe appartenant au système de reproduction.

Une surface sensible étrangère au système génital ne mérite, à mon sens, le nom de zone *érogène,* que pour autant que les excitations qui en dérivent suscitent des réflexes génitaux. C'est dire que, contrairement à ce que semble penser M. Freud, ces surfaces sensibles ne sont que *facultativement* érogènes. Tout, d'ailleurs, peut être érogène. Les bras, par exemple. Ils le sont lorsqu'on embrasse une personne de l'autre sexe; ils cessent de l'être lorsqu'on embrasse une botte de paille.

C'est ainsi, ce me semble, qu'il faudrait poser la question si brûlante de la sexualité infantile. Je dois déclarer que, contrairement à la plupart des critiques de Freud, je n'ai absolument rien contre l'existence d'une sexualité chez l'enfant. Je suis dépourvu de tout parti pris à ce sujet. Que le petit bébé possède ou ne possède pas de tendances sexuelles cela m'est complètement indifférent. Ce qui me l'est moins, c'est de déclarer qu'il en est doué, si ce n'est pas le cas. Or, de quel droit dénommer *érogène* la zone buccale tant qu'on n'a pas démontré que les excitations qui en partent suscitent des réflexes génitaux? Ainsi que je l'ai dit ailleurs, « dire que le plaisir de téter est un plaisir sexuel n'a, à mon avis, aucun sens... Ce qui est plus vraisemblable, c'est que l'enfant, justement parce qu'il ne possède pas encore de tendances sexuelles, concentre sur son instinct de nutrition toutes les ardeurs dont il est capable : l'instinct de nutrition, n'ayant pas encore en l'instinct sexuel le plus redoutable des concurrents, attire à lui et monopolise pour sa satisfaction toutes les énergies du corps et de l'âme. Pourquoi la volupté de manger serait-elle une volupté sexuelle? »

La psychanalyse a apporté à la psychologie de grandes et belles vérités. Il serait bien dommage qu'elle continuât à être indûment entravée dans sa marche par une théorie abstruse de la libido.

C'est précisément pour éviter cet écueil que j'ai cherché à donner à cette théorie la forme qui, dans l'état actuel de nos conceptions biologiques et psychologiques, me paraît la seule légitime – parce qu'elle est la seule intelligible.

ÉD. CLAPARÈDE.

Mai 1921.

La lettre de Freud que cite Édouard Claparède dans sa Note additionnelle a été publiée, traduite en anglais, dans la Standard Edition *(tome 11, p. 214-215), puis, retraduite en allemand, dans le* Nachtragsband *des* Gesammelte Werke *(p. 750-751). Pour son intérêt théorique, elle a été incluse dans la liste des œuvres de Freud, avec l'indice bibliographique 1921*e *(elle fut écrite en fait le jour de Noël 1920).*

L'original a été retrouvé à Genève, il y a quelques années, dans les « Archives privées des descendants d'Édouard Claparède », et publié in extenso *par Mireille Cifali-Lecoultre dans la revue* Le Bloc-Notes de la psychanalyse *(Genève, 1983, n° 3). Voici la partie de cette lettre omise par É. Claparède :*

Prof. Dr. Freud

25 déc. 1920
Vienne IX, Berggasse 19

Très honoré collègue,

J'ai eu récemment une violente frayeur en recevant la carte de Flournoy, étant donné que j'avais depuis longtemps transmis mes condoléances à l'occasion de la mort du professeur. Je vous remercie donc de l'amabilité témoignée après coup. Le Dr Pfister nous a promis de s'occuper de l'article nécrologique pour la revue. Il s'en acquittera sans aucun doute de la façon la plus digne qui soit.

J'ai reçu *La Revue de Genève* avec votre article et le début de la traduction et je vous en remercie vivement. Il ne m'appartient pas de louer la traduction, je tiens simplement à dire qu'elle me semble mieux écrite que l'original. Les sons de votre langue sont si beaux.

Votre introduction fera d'autant plus d'effet qu'elle bannit tout enthousiasme et (comme en témoigne la dernière page) qu'elle fait de sérieuses réserves à l'égard des analystes, réserves qui ne me semblent pas dépourvues d'une certaine justesse.

Suit la remarque critique concernant la théorie de la libido (cf. ci-dessus, p. 135).

Bibliographie

Les chiffres entre parenthèses placés après les titres originaux renvoient aux pages du présent livre.

G.W. = *Gesammelte Werke von Sigmund Freud,* S. Fischer Verlag, Francfort-sur-le-Main, 18 volumes et un *Nachtragsband.*

BELL, J. SANFORD (1902) *« A preliminary Study of the Emotion of Love between the Sexes », Amer. Journ. Psychol.,* tome 13, page 325. (92)

BLEULER, E. (1908) *« Sexuelle Abnormitäten der Kinder »* [« Les anomalies sexuelles chez les enfants »], *Jahrb. schweiz. Ges. Schulgesund. Pfl.,* tome 9, page 623. (94)

BREUER, J. et FREUD, S. (1893), voir FREUD, S. (1893*a*).

(1895), voir FREUD, S. (1895*d*).

FERENCZI, S. (1909) *« Introjektion und Uebertragung », Jahrb. für psychoanal. psychopath. Forsch.,* tome I, page 422. (109)

Trad. : « Transfert et introjection », trad. J. Dupont, *Œuvres complètes,* tome I, Paris, Payot, 1968.

FREUD, S. (1893*a*) avec BREUER, J., *« Ueber den psychischen Mechanismus hysterischer Phänomene : Vorläufige Mitteilung », G.W.,* tome I, page 81. (51)

Trad. : « Le mécanisme psychique de phénomènes hystériques : communication préliminaire », incorporé aux *Études sur l'hystérie* (1895*d*). (51)

(1895*d*) avec BREUER, J., *Studien über Hysterie, G.W.*, tome I, page 77 (sans les textes de Breuer). (30, 37, 39, 40, 41, 88)
Trad. : Études sur l'hystérie, trad. A. Berman, Paris, P.U.F., 1967 (avec les textes de Breuer).

(1900*a*) *Die Traumdeutung, G.W.*, tomes 2-3. (72, 73, 75)
Trad. : L'interprétation des rêves [1], trad. I. Meyerson, révisée par D. Berger, Paris, P.U.F., 1967.

(1901*b*) *Zur Psychopathologie des Alltagslebens, G.W.*, tome 4. (81)
Trad. : Psychopathologie de la vie quotidienne, trad. S. Jankélévitch, Paris, Payot, 1973.

(1905*c*) *Der Witz und seine Beziehung zum Unbewussten, G.W.*, tome 6. (68, 70)
Trad. : Le mot d'esprit et sa relation à l'inconscient, trad. D. Messier, Paris, Gallimard, 1988.

(1905*d*) *Drei Abhandlungen zur Sexualtheorie, G.W.*, tome 5, page 3. (92, 94)
Trad. : Trois essais sur la théorie sexuelle, trad. Ph. Koeppel, Paris, Gallimard, 1987.

(1909*b*) *« Analyse der Phobie eines fünfjährigen Knaben », G.W.*, tome 7, page 243. (93)
Trad. : « Analyse d'une phobie d'un petit garçon de cinq ans (le petit Hans) », trad. M. Bonaparte, *Cinq psychanalyses,* Paris, P.U.F., 1970.

(1914*d*) *« Zur Geschichte der psychoanalytischen Bewegung », G.W.*, tome 10, page 44. (29)
Trad. : Sur l'histoire du mouvement psychanalytique, trad. C. Heim, Paris, Gallimard, 1991.

1. Dans le texte, l'ouvrage a été nommé *L'interprétation du rêve.*

JUNG, C.G. (1906) (éd.) *Diagnostische Assoziationstudien* [*Études d'associations en vue de diagnostics*], Leipzig. (72)
(1910) *« Ueber Konflikte der kindlichen Seele », Jahrb. für psychoan. psychopath. Forsch.*, tome 2, page 33. (94)
Trad. : « Les conflits de l'âme enfantine », trad. Y. Le Lay, *Psychologie et éducation,* Paris, Buchet-Chastel, 1963.

LAPLANCHE, J. et PONTALIS, J.-B. (1967) *Vocabulaire de la psychanalyse,* Paris, P.U.F. (47)

LINDNER, S. (1979) *« Das Saugen an den Fingern, Lippen, etc. bei den Kindern (Ludeln) »* [« Le sucement des doigts, des lèvres, etc. chez les enfants *(Ludeln)* »], *Jahr. Kinderheilk.*, tome 14, page 68. (96)

RANK, O. (1907) *Der Künstler,* Vienne. (108)
Trad. : *L'art et l'artiste,* trad. C. Louis-Combet, Paris, Payot, 1984.

Index

ŒUVRES DE SIGMUND FREUD
Traductions nouvelles

NOUVELLES CONFÉRENCES D'INTRODUCTION À LA PSYCHANALYSE.

SIGMUND FREUD PRÉSENTÉ PAR LUI-MÊME.

LA QUESTION DE L'ANALYSE PROFANE.
Préface de J.-B. Pontalis. En appendice : La Question en débat, par Michel Schneider.

L'INQUIÉTANTE ÉTRANGETÉ et autres essais.

L'HOMME MOÏSE ET LA RELIGION MONOTHÉISTE.
Préface de Marie Moscovici.

VUE D'ENSEMBLE DES NÉVROSES DE TRANSFERT.
Un essai métapsychologique. *Édition bilingue d'un manuscrit retrouvé. Commentaires d'Ilse Grubrich-Simitis et de Patrick Lacoste.*

LE DÉLIRE ET LES RÊVES DANS LA « GRADIVA » DE W. JENSEN.
Préface de J.-B. Pontalis.

TROIS ESSAIS SUR LA THÉORIE SEXUELLE.
Préface de Michel Gribinski.

UN SOUVENIR D'ENFANCE DE LÉONARD DE VINCI.
Préface de J.-B. Pontalis.

SUR LE RÊVE.
Préface de Didier Anzieu.

LE MOT D'ESPRIT ET SA RELATION À L'INCONSCIENT.
Préface de Jean-Claude Lavie.

Composé et achevé d'imprimer
par l'Imprimerie Floch
à Mayenne, le 7 février 1991.
Dépôt légal : février 1991.
Numéro d'imprimeur : 30217.
ISBN 2-07-072225-2 / Imprimé en France.

51625